新军迷系列丛书

别告诉我你懂战役

《深度文化》编委会 编著

清华大学出版社

北京

内 容 简 介

　　本书以通俗凝练的语言，详细地描述了一战以来多场经典战事的起因、经过、结果和影响，堪称一部全方位面向读者的通俗科普知识读本，能使爱好科普的读者更真实全面地了解那些影响世界历史的战役。全书以时间为序，分为早期战役篇、二战经典战役篇、现代战争篇三章。各章均配有丰富而精美的示意图和鉴赏图，以及生动有趣的历史知识。

　　本书内容详实，结构清晰，分析透彻，既适合广大军迷和中小学生作为科普读物，也适合作为历史学者、影视制作人员、网络作家等专业人士的参考书籍。此外，本书还可作为各大军事院校相关专业的教学辅助用书。

本书封面贴有清华大学出版社防伪标签，无标签者不得销售。
版权所有，侵权必究。举报：010-62782989，beiqinquan@tup.tsinghua.edu.cn。

图书在版编目 (CIP) 数据

　　别告诉我你懂战役 /《深度文化》编委会编著 .
北京 : 清华大学出版社 , 2025. 2. -- (新军迷系列丛书). -- ISBN 978-7-302-68191-5
　　Ⅰ . E19-49
　　中国国家版本馆 CIP 数据核字第 2025F9W048 号

责任编辑：李玉萍
封面设计：王晓武
责任校对：张彦彬
责任印制：刘海龙

出版发行：清华大学出版社
　　　　　网　　　址：https://www.tup.com.cn，https://www.wqxuetang.com
　　　　　地　　　址：北京清华大学学研大厦A座　　邮　　编：100084
　　　　　社 总 机：010-83470000　　　　　　　　邮　　购：010-62786544
　　　　　投稿与读者服务：010-62776969，c-service@tup.tsinghua.edu.cn
　　　　　质 量 反 馈：010-62772015，zhiliang@tup.tsinghua.edu.cn
印 装 者：小森印刷霸州有限公司
经　　销：全国新华书店
开　　本：146mm×210mm　　印　　张：8.375　　字　　数：348千字
版　　次：2025年3月第1版　　　　　　　　印　　次：2025年3月第1次印刷
定　　价：59.80元

产品编号：098063-01

前　言

1914 年 6 月 28 日，奥匈帝国王位继承人弗朗茨·斐迪南及其妻子遭到萨拉热窝刺客六人组枪杀，这一事件引发了一战，也将世界各国带入了一个黑暗的时代，再加上破坏性更大的二战，整整持续近半个世纪的全球性战争让世界动荡不已。

1914 年 10 月，德军和法军在战场上开创了使用刺激性毒剂的先例，这标志着化学武器正式走上历史的舞台。而毒气真正在战场取得成功是在 1915 年发生的伊普雷战役，由此，毒气战掀开了大规模杀伤性武器在战争中应用的序幕，此后各类化学武器层出不穷。

1916 年 7 月，作为"陆战之王"的坦克在巴黎西北的索姆河两岸展开的索姆河战役中首次登场，它的出现彻底改变了战争的形态，使机械化大集群作战成为可能，而这场战役也是人类历史上损失最为惨重的一次战役。

1940 年 11 月 11 日晚至 11 月 12 日，英国皇家海军进行了历史上首次航母舰载机对海军舰船的进攻，他们从地中海上的航母派出少量飞机攻击了位于塔兰托港内的意大利海军舰队，这预示着大舰巨炮主义的终结及海军航空兵的兴起。

而发生在 20 世纪 90 年代的海湾战争，是美军自越南战争后主导参加的第一场大规模局部战争。在此次战争中，美军首次将大量高科技武器投入实战，展示了压倒性的制空、制电磁优势。

本书以经典的战役为切入点，全面展现了自第一次世界大战以来全世界发生的多场经典战役，内容翔实，情节生动，铺陈详尽。书中收录了大量珍贵历史照片，与文字相辅相成，使读者能够通过文字与图片回到那个战火纷飞的年代，触摸世界战争史的发展脉络，感受武器与战役之间不可不说的故事。同时，该书对战役发生的背景以及当时的军事环境进行了详细的说明，并对战役在军事理念、武器发展方面起到的作用及影响进行了详细阐述。读者可以通过该书了解这些战役的整个过程，知晓世界战争史上不为人知的秘密。

本书是真正面向科普爱好者的基础图书，特别适合作为广大科普爱好者的参考资料和青少年朋友的入门读物。全书由资深科普团队编写，在编写过程中力求内容的全面性、趣味性和观赏性。希望读者朋友能够通过阅读本书，循序渐进地提高自己的科学素养。

本书由《深度文化》编委会创作，参与本书编写的人员有阳晓瑜、陈利华、高丽秋、龚川、何海涛、贺强、胡姝婷、黄启华、黎安芝、黎琪、黎绍文、卢刚、罗于华等。由于作者知识有限，本书内容难免存在疏漏之处，欢迎广大读者提出批评和建议。

编者

目 录

Part 01

早期战役篇

萨拉热窝事件中哪种武器引发了一战

　　萨拉热窝事件是指 1914 年 6 月 28 日奥匈帝国王位继承人弗朗茨·斐迪南及其妻子遭到萨拉热窝刺客六人组枪杀的事件。这一事件直接导致了第一次世界大战的爆发。

萨拉热窝事件还原现场油画

1. 背景分析

在一战未爆发之前，整个欧洲矛盾重重。德法之间的矛盾促使法国不得不向英国靠拢。德法、英法、英德等国家之间都存在着各种各样的矛盾，欧洲实际上是在一种极不稳定的状态下保持着微妙的和平。英法两国于 1904 年 4 月 8 日签订协约，对它们之间存在的矛盾进行了调整和妥协，而英法协约的签订是促使世界大战爆发的重要因素。

斐迪南大公像　　　　　　　　刺客加夫里洛·普林西普

1907 年 8 月，英俄两国签订协约，标志着英、法、俄 "三国协约" 最终形成。此时的欧洲形成了以德奥为首的同盟国和以英、法、俄为首的协约国两大军事集团的对峙状态。两大集团中的各国一面利用外交会晤进行和平欺诈，一面疯狂进行扩军备战。双方剑拔弩张，战争的叫嚷甚嚣尘上，大规模战争危机已经出现。

而当时的巴尔干地区民族问题严重，当时的奥匈帝国正在加紧进行以摧毁塞尔维亚为目标的战争准备，而主持制订侵略塞尔维亚战争计划的正是斐迪南和奥匈帝国总参谋长冯·赫特岑多夫。当时巴尔干地区已经多次发生过暗杀事件，可以说暗杀是当时比较常见的极端行为。

2. 刺杀过程

1914 年 6 月 28 日上午约十点，奥匈帝国王储斐迪南大公夫妇抵达萨拉热窝火车站。而在数百名热情迎接的民众中有多名刺客在伺机而动，斐迪南夫妇当时坐上敞篷礼车前往市府大厅，途中遭到刺客的手榴弹袭击，但斐迪南下意识地用手一挡，手榴弹滚到了车后爆炸。大公夫妇幸运地避过一劫，刺客被随后赶来的军警拘捕。

斐迪南大公及其夫人前往市府大厅，5分钟后即被刺杀

　　然而这一切只是悲剧的开始，斐迪南大公因为这次暗杀行动改变了预定行程，打算到医院探视一名受轻伤的副官，但随从人员忘了通知领头车队，因此车队仍然照原定路线行驶。随后大公的敞篷礼车在前往拉丁大桥时，于街角停下，此时一名叫普林西普的刺客以离斐迪南王储夫妇不到两米的距离用手枪向两人射击，行凶后普林西普服下氰化物企图自杀，但因为药物过期而导致自杀失败，刺客随后被逮捕，而斐迪南大公夫妇则双双送医不治身亡。

3. 史上最具威力的手枪

　　很多人都认为刺杀大公的手枪是 FN M1900，因为当时这款手枪多次被用于刺杀行动，并且获得了成功。但真正引发第一次世界大战的手枪却是 FN M1910。该枪是

萨拉热窝事件发生地点——拉丁桥

FN 公司早期的著名产品，其采用简单的药筒座力反冲式设计，后坐力很小，击锤不突出，便于隐藏在衣袋内。这也是这款枪被刺客选作刺杀工具的重要原因。该枪的复进簧为中置布局的新颖设计，枪套筒口部的横截面也从传统的"8"字形变为"O"形，套筒口部的枪口套，相应地变为一个正圆形环套，并且还在枪口套的前缘加工了一圈滚花。这样一来，不仅在分解和结合、旋转枪口套时手不至于打滑，而且还进一步增强了枪的美观性。正是由于枪口套上的这一圈漂亮的"滚花"，这支新型小手枪在中国也被称为"花口撸子"。

法庭正在对袭击者进行审判

当时执行刺杀任务的 4 支枪的枪号分别为 19074、19075、19120 和 19126。其中枪号为 19074 的手枪射中了大公夫妇。如果按照这支枪引发的后果来计算，这支手枪的威力堪称史上"最强"。据不完全统计，第一次世界大战中，士兵和平民伤亡超过 3500 万人。其中大约 1500 万人死亡，2000 万人受伤。

4. 必然的战争

与其说这把 FN M1910 手枪引发了世界大战，不如说它只是一根点燃火药桶的火柴。当时欧洲列强疯狂扩军备战，从 1911 年起，德国每年都要通过新的军事法案，增加军事预算。到 1913 年，德国军队已拥有 76 万名配发新式装备的现役军人。而英国军队则增加到 41 万人。法国于 1913 年通过新的军事法案，将两年兵役制改为三年，役龄从 21 ～ 45 岁改为从 20 ～ 48 岁，使军队增加到 77 万人。沙俄在大战前夕已拥有 130 万现役军人。

FN M1910 手枪

与此同时，欧洲各国在海上力量的争夺也非常激烈。1912 年，英德两国举行裁军谈判，英国坚持两国海军比例应为 2 ：1，德国则要求两国海军比例定为 16 ：10，谈判最后破裂，双方更加疯狂地增加军费。到大战前夕，德奥两国军事预算达 140 亿马克，协约国军事预算也达 47.66 亿马克。两大集团各自召开军事会议，讨论和制订作战计划，力图先发制人。当时德国的骑兵将领柏第公然叫嚣："战争是万事之父……战争不仅是一种生物规律，也是一种首先规律，因而是文明不可或缺的因素。"

当时欧洲列强的矛盾集中点就在巴尔干半岛，所以这一地区也被称为"欧洲火药桶"。

>>>> 第一次马恩河战役为何被称为"马恩河奇迹"

第一次马恩河战役是一战中于西部战线发生的一次重大战役。这场战役发生在 1914 年 9 月 5 日至 12 日。在这场战役中，英法联军合力抵挡住了德国军队的攻势。使其"施利芬计划"破产，西线陷入了旷日持久的阵地战。

1. 战役背景

1914 年 7 月 28 日，一战正式爆发。8 月 1 日，德国以俄国进行战争动员为由，对俄宣战。8 月 3 日，德国又以法国不接受它所提出的"中立"条件为借口，向法国宣战。德国的战争计划是前总参谋长施利芬在 1905 年制订的，其核心是：集中强大兵力于西线，通过防务空虚的比利时、卢森堡和荷兰，从侧翼包围法军，速战速决打败法国。然后挥师东进，再去对付俄国。战争爆发后，德军总参谋长小毛奇遵循其前任的计划，仅用 9 个师的兵力监视俄国，而在西线则集中了 7 个集团军，共 78 个师，以梅斯为轴心分为左右两翼。左翼 2 个集团军，共 23 个师，守卫梅斯以南法德边境的阿尔萨斯和洛林地区的阵地；右翼 5 个集团军，共 55 个师，借道比利时、卢森堡和荷兰突破法国北部边境。

法军的作战计划名为"第 17 号计划"，是由法军总参谋长霞飞一手制订的。霞飞在法德边境上集结了 5 个集团军兵力，共 70 个师，计划一开战就一举攻入阿尔萨斯和洛林两省，夺回法国在普法战争中失去的土地。在德军猛攻比利时的同时，法军也向阿尔萨斯和洛林发起了进攻，双方都进行了一场里出外进的攻防战。

1914 年 8 月法国边境之战后，法国第 4、第 5 集团军和英国远征军于 9 月初撤至马恩河以南，在巴黎至凡尔登一线布防。法军总参谋长霞飞组建了第 6、第 9 集团军，分别部署在巴黎外围以及第 4 和第 5 集团军之间，准备实施反攻。

法军士兵在胸墙后方等待进攻

　　德国第 1、第 2 集团军为追歼法国第 5 集团军，偏离原定进攻方向前出到巴黎以东地区，从而暴露了第 1 集团军的右翼。德军总参谋长小毛奇获悉法军即将反攻的消息后，于 9 月 4 日命令第 1、第 2 集团军在巴黎以东转入防御，第 3、第 4、第 5 集团军南下，协同从东面进攻的第 6 集团军合围凡尔登以南的法军。但德国第 1 集团军司令克鲁克拒不执行命令，继续率军南下，从而形成有利于联军反击的态势。

　　同日，霞飞命令法国第 5、第 6 集团军和英国远征军对德国第 1、第 2 集团军实施主要突击，法国第 9、第 4 集团军牵制德国第 3、第 4 集团军，法国第 3 集团军在凡尔登以西实施辅助突击。此时，在巴黎至凡尔登一线，英法联军 66 个师 108.2 万人对德军 51 个师 90 万人；在主攻方向上，英法联军兵力是德军的两倍。

第一次马恩河战役中的德军士兵

2. 战役经过

1914 年 9 月 5 日，当德国克鲁克集团军经过巴黎东面，可以望见埃菲尔铁塔时，其右后方侧翼受到莫努里率领的法国第 6 集团军的袭击。克鲁克立即命令第 3 军和第 9 军回过头去对付莫努里，而这两个军的任务是负责掩护德国第 2 集团军的右翼。所以他们的撤退，使德第 1 集团军和第 2 集团军之间产生了一个宽达 32 千米的缺口。因为面对着这个缺口的英军已经迅速地撤退，所以克鲁克才敢如此冒险。对德军来说，取胜的关键就在于他们能否在法军主力部队和英军利用这一缺口突破自己的蜂腰部之前，击溃法军的两翼，即莫努里的第 6 集团军和福煦的第 9 集团军。

克鲁克重点对付莫努里的部队。在莫努里快要顶不住时，他便请加利埃尼从巴黎城内速派兵增援。这一要求启发加利埃尼组织了战争历史上第一支摩托化纵队，即马恩出租汽车队。加利埃尼令巴黎警察征集了大约 600 辆出租汽车，将 1 个师的兵力输送到战场，使莫努里最终没被克鲁克打垮。

9 月 6 日凌晨，法军发起全线反攻。法国第 6 集团军继续与德国第 1 集团军在奥尔奎河上激战；法国第 5 集团军也掉转头来，变撤退为进攻，同德国第 1 集团军厮杀，并同德国第 2 集团军右翼交火；法国第 4、第 9 集团军则截住德国第 3、第 4 集团军，使德国第 1、第 2 集团军陷入孤立。

法军士兵发起冲锋

关键时刻，弗伦奇率领英军的 3 个军于 9 月 8 日悄悄地摸进了德国第 1 集团军和第 2 集团军之间的缺口，将德国第 1 集团军与第 2 集团军隔开，使克鲁克和比洛面临着被分割包围的危险。因此，比洛在 9 月 9 日下令他的第 2 集团军撤退。当时克鲁克的第 1 集团军虽然暂时击败了莫努里，可此时他也处于孤立的境地，不得不于同一天也向后撤退。至 9 月 11 日，德军所有的军团都后撤了。至此，第一次马恩河战役结束。

法军火炮正在开火

3. 战役结果

在这场会战中，交战双方先后投入 150 万兵力，伤亡人数累计超过 30 万。其中，法军阵亡 2.1 万人，受伤 12.2 万人；德军阵亡 4.3 万人，受伤 17.3 万人。自大战爆发后一个多月的时间内，德军遵循施里芬定下的基本方针，迅速穿越比利时领土向法国本土挺进。那时整个德国，甚至几乎全世界，都深信德军会很快胜利，巴黎即将被占领。然而，当德国的胜利似乎唾手可得、法国的灾难迫在眉睫时，协约国军队却在马恩河畔转败为胜，因而此次战役被人们称为"马恩河奇迹"。

第一次马恩河战役在短短数天内即决定了整个战争的局势，德国的"施利芬计划"彻底失败，再也不可能迅速结束西线的战事。至于协约国方面，联军守住了巴黎并迫使德军撤退，但其胜利不足以将德军击溃或者驱离他们所占领的地区。双方为了获取更安全的掩护开始挖掘壕沟，传统的运动战将领们舍弃，转而采取壕沟战，这让接下来 4 年的僵局留下了难以磨灭的历史印象。

美国著名战史专家米德尔顿在论及协约国将领中谁对第一次马恩河战役的贡献最大时说："历史表明，要求得到'马恩河战役得胜者'这一称号的不乏其人，但加利埃尼比起大部分人更是名正言顺。"

拯救巴黎的出租车

毒气弹出现在一战哪次战役，进而使其成为大规模杀伤性武器并成为战地禁忌

毒气弹属于化学武器中的一种，它最早在一战中使用。化学武器是一种极具实战价值的大规模杀伤性武器，从威力上讲，它的杀伤破坏力仅次于核武器。更为关键的是，获取这种武器的技术门槛很低，但其杀伤破坏力却极强，因此又被称为"穷人的原子弹"。

现代意义上的化学战和化学武器始于1914年10月，德军和法军在战场上开创了使用刺激性毒剂的先例，这标志着化学武器正式走上战争舞台。而真正在战场取得成功的毒气战则是1915年的伊普尔战役。

1. 战争背景

事实上，在一战中最先使用化学武器的是法国。1914 年 8 月，法国军队向德军投掷催泪手榴弹。这种手榴弹里充满了溴乙酸乙酯（一种催泪毒剂），不过每枚手榴弹只能产生 19 立方厘米的催泪气体，德军甚至没有觉察到对手使用了化学武器。而让人啼笑皆非的是，同年 10 月，德军向英军阵地也发射了一种装有化学刺激物的炮弹，这种炮弹施放的毒剂浓度也很小，英军同样也没有觉察到对方使用了化学武器。

早期作战没有毒气防御措施，只是用口罩作为防御工具

德国在开发和使用化学武器上下的功夫比较大。德军第一次大规模使用化学武器是在 1915 年 1 月 31 日，德军向俄军阵地发射了 1.8 万枚含有液态甲苄基溴（一种催泪气体）的炮弹，结果由于气温太低甲苄基溴全部冻住了，根本没有汽化，放毒的目的没有达到。也就是说，无论是同盟国还是协约国在战争期间都有使用化学武器的企图，不过由于种种原因，都没有实施成功。

2. 战役过程

1915 年 3 月，德军最高指挥部根据当前形势被迫召开了一次秘密会议，会上制订了一项阻止英法联军进攻的作战计划。此后，德军便开始在国内紧急抢购氯气钢瓶。不到一个月的时间，近 6000 个大型号的氯气瓶堆放在德军设在柏林郊外的一个秘密工厂里。这些钢瓶被改装成像刚出厂的啤酒桶（德国的啤酒一直名扬世界）。这些"致命啤酒桶"被灌满了氯气运往前线，并埋设在前沿阵地上。不过当时天公不作美，战场上连续下了好几天暴雨，这些"啤酒桶"都露出了地面。

德军在毒气攻击之前，已经做好了充分的防御准备工作。

毒战中的作战士兵

　　面对阵地上的异样，英法联军指挥官并没有过多重视，反而认为德军在战事吃紧的情况下还在考虑喝啤酒，其戒备心理反而降低了。这也为日后英法联军遭到重创埋下了苦果。

　　4月22日上午，伊普尔前线阵地上，德国士兵仔细观察着风向和风力，到了下午3点，风向转向敌方阵地，而且风力加大，自然条件完全适合释放毒气。在德军军官的指挥下，德军士兵在几千米长的战线上，总共打开了5730个"啤酒桶"。此时，参与此次战役的英法士兵看到了人生中最为恐怖一幕，在德军阵地前沿宽6千米的地面上，出现了一道一人多高的黄绿色气浪，气浪紧紧地贴地而行，在风的推动下迎面扑来。

德军点燃装满氯气的"啤酒桶"

　　此时英法联军的官兵们闻到了一种难以忍受的、强烈的刺激性怪味，先是打喷嚏、咳嗽、流泪不止，然后就是感觉到窒息无力。不一会儿，第一线的英法官兵纷纷窒息倒地。而在第二线的部队见此情景，便纷纷逃离。

　　跟在黄色烟雾后面的德国步兵，没放一枪一炮就顺利突破了英法联军第一道阵地，把整个战线往前推进了 4 千米，夺回了原来已经失去的一些重要的制高点。在这次毒气袭击中，英法联军有 1.5 万人中毒，且至少有 5000 人死亡。这次毒气袭击取得的战果实在出人意料，如果不是德军没有准备足够的防毒面具，那么这次袭击将获得更大的战果。

3. 武器简述

　　在此次战役中使用的氯气是一种黄绿色气体，可以用作氧化剂。氯气遇水会发生反应形成次氯酸，在有机物上引起化学燃烧效果，而人体黏液组织和潮湿的人体器官（比如眼睛）极易与氯气发生此种化学反应。大量吸入氯气会引发肺部血崩，这同溺水死亡的症状一样，唯一不同的是这种症状发生在陆地上。肺部血崩会造成剧烈呕吐、头痛、呼吸困难、异常口渴（一旦喝水立刻毙命）、肺部如刀削一样的疼痛、从胃部和腹部咳出绿沫、眼神呆滞，最后失去知觉直至死亡，且死状相当惨烈。

　　后期战争还使用三氯硝基甲烷（氯化苦），这种毒剂可引起呕吐。氯化苦在常温常压下是不溶于水的无色液体，且不与水发生反应。氯化苦能通过空气、食物及皮肤进入人体。它对眼睛、皮肤和肺部均具有强烈的刺激性；实验证明其刺激性会使人不由自主地闭上眼睛，溅入眼睛之后则会使角膜水肿甚至液化。

在实验室中的氯气呈黄绿色

瓶装的三氯硝基甲烷

15

其中最知名的毒气则是芥子气，它的学名叫二氯二乙硫醚，是一种重要的糜烂性毒剂，因味道与芥末相似而得名。芥子气主要通过皮肤或呼吸道侵入肌体。可直接损伤组织细胞，对皮肤、黏膜具有糜烂性刺激作用。由于其可以经皮肤入侵人体，只使用防毒面具仍不足以应付芥子气的威胁，只有穿着全套防毒衣或乘搭有核生化防护的载具，才可以安全通过受污染地区。由于芥子气在战争中被交战双方大量使用，并且杀伤力巨大，所以它被称作"毒气之王"。一战中，交战双方共生产芥子气 13 500 吨，其中 12 000 吨用于实战。希特勒作为参战士兵曾在一战中遭到英国军队芥子气炮弹的袭击而使眼睛暂时失明。

战斗中因为芥子气而受伤的士兵

4. 战役影响

由于化学武器巨大的杀伤力，作战双方不断研发并使用各种新型的化学武器，其中以芥子气、光气、氯气为主，据后来评估，在一战中至少有 50 965 吨毒气弹用于战争。根据官方公布的数字，在一战中，因化学武器战剂而造成的非致命性伤亡约 1 176 500 人，且至少有 85 000 人死于化武袭击。在德国作家雷马克的小说《西线无战事》一书中，对此有所叙述。

由于一战期间参战双方都饱受毒气战的摧残，所以在战后，1925 年日内瓦议定书再次重申禁止使用毒气，各国也都清楚毒气弹的使用只能引起对方同样的报复，因此在二战中，尽管美、英、苏、德等各大国都做了毒气战方面的准备，但并没有大规模毒气战爆发，这只能说是不幸中的万幸。

一战中因为毒气造成失明的英军士兵

▶▶▶ 作为陆战之王的坦克在索姆河战役中的表现如何

作为"陆战之王"的坦克早在一百多年前就在战场上出现了，它的出现彻底改变了战争的形态，使机械化大集群作战成为可能。而坦克第一次参加的战役就是1916 年 7 月德、法两军在巴黎西北的索姆河两岸展开的索姆河战役，这也是人类有战争记录以来，损失最为惨重的一次战役。据统计，这场战役英军的损失总数达到42 万人，法国达到 20 余万人，而德军阵亡、负伤、被俘和失踪的总数则达到 65 万人。

1. 战争背景

之所以在索姆河发动大规模攻势，是因为这本身就是协约国集团 1916 年战略进攻计划中的一部分。当时计划由法国 3 个集团军和英国 2 个集团军在索姆河两岸实施大规模战略进攻，力争打破西线的僵局，为之后转入运动战创造条件。但令协约国集团始料不及的是，德军也有相似的战略企图，而且其战略部署更快，只是德军将突破点选在了凡尔登。德军的战略改变彻底打乱了英法联军的部署，因此联军指挥官对原定的索姆河战役计划进行修改，他们将原计划中的正面突破距离由 70 千米缩小为 40 千米，参战兵力也减少到 39 个师。战役的主要突击力量也就由法军改为英军第 4 集团军担任，主要任务是突破德军在索姆河以北第 4 和第 6 集团军的防御。英法联军希望凭借这次战役打破西线的僵局，所以法国已在此倾注了几乎全部的力量。结果德军也采用了相似的战略，使索姆河战役最终变成了一场空前规模的消耗战。

英军的战壕

虽然在这一方向上没有爆发过大规模的战役，但是德军还是用了两年多的时间构筑了一套完善的防御体系。整个防御体系由 3 个阵地组成：第一阵地包括 3 条堑壕以及大量的支撑点、交通壕和混凝土掩蔽部；第二阵地在第一阵地后方 3 ～ 4 千米，拥有 2 条堑壕和多个阵地支撑点；第三阵地则位于第二阵地后方 3 千米左右，阵地配置也与前两条战线相似，同时德军的地下坑道网深达数米。德军的整体工事内配备完善，甚至拥有洗衣房这样的设施。

英军的重炮阵地

　　而战场对面的英、法联军虽然用了半年的时间进行了大规模的战役准备，但是与德军的阵地相比还是相形见绌。不过英法联军在军备上一点也不马虎，他们在战前总共集中了约 840 万发炮弹、3500 门火炮及 300 多架飞机，这样英法联军在每千米的正面突破战线上，平均兵力和兵器的密度达到了 1 个步兵师和近 90 门火炮。同时还演练了地面作战部队与航空兵的协同作战。像轻机枪、枪榴弹等当时的新式武器已装备到了团一级的作战部队。

　　在战争开始之前，英法联军与德军的军力对比优势明显，其步兵数量是德军的 3.6 倍，炮兵为 1.7 倍，航空兵将近 2 倍。英法联军的指挥官在拥有这样的底气之后，也充满信心地认为，英法联军突破德军的防御阵地易如反掌，可是在战役爆发后，战争走向却出乎他们的意料。

2. 战役过程

　　1916 年 6 月 24 日，索姆河战役打响，英、法联军炮兵群对德军阵地开始发动攻击，空中的飞机不停地给地面炮兵指示目标，校正弹着点，同时战机还向德军阵地扔下炸弹，并进行俯冲扫射。不过此时德军的阵地表面空无一人，大多数德军士兵早已进入地下工事，只有担负侦察和监视的德军利用潜望镜观察着英法联军的动向。

从高空俯瞰双方堑壕阵地

　　此次炮击持续了整整1周，当炮击到了最后阶段，准备进攻的英法联军士兵看到了战争史上罕见的景象：德军阵地上炮弹爆炸的闪光与夜空中的星星连成了一片，在远处已经无法分辨天地之间的界限。如此高密度的炮击把德军阵地上的军事设施基本上夷为平地，起码在英法联军指挥官看来，德军此时已经失去了大部分战斗力。

　　在 7 月 1 日清晨，英军率先发动进攻。此时德军立刻从地下工事中进入阵地，各种武器装备指向阵地前的开阔地带，士兵们也都做好了战斗准备。而英军士兵却排成长长的横列，每个人背着多达 220 发的子弹，每人负重达到 30 公斤，这样的装备让英军的行动变得十分缓慢，这些都对接下来的战斗产生了毁灭性的影响。

大战第一天英军发起进攻

　　德军在英军进入其射程之后，重机枪才开火，英军完全没有想到德军还有如此猛烈的反击能力，糟糕的队形和缓慢的行军速度让英军士兵完全成为德军的活动靶子。据当时幸存的士兵形容，当时的英军士兵"像割麦子一样被成群地扫倒"，其惨状甚至成为一些幸存者一生的梦魇。第一天的进攻，英军就有 6 万人阵亡、受伤、被俘或失踪，这是英军战争史上最糟糕的一天。在索姆河以北的主要方向上，尽管英国第 4 集团军占领了德军防御前沿的第一阵地，但其余方向的攻击却被击退，并且自身也伤亡重大。

躲在堑壕中的英军士兵

从此，英法联军在索姆河附近进行了规模空前的攻防战斗，英军在开战 10 天之后，就损失了 10 万人之多，但其战略意图仍然没有达到。而德军也意识到英法联军在此地投入了巨大的人力与物力，所以也快速补充了兵力，英法联军与德军的兵力对比也从 14∶10 下降到了 9∶14。除了兵力数量不占优势外，英法联军的战斗指挥也不够协调，联军始终无法集中优势兵力参与作战，直到 7 月 17 日，英军战线仅前进了三四千米，而法军也只推进了六七千米。

经过近半个月的战斗后，英法联军认识到原有的作战方案已经失败，必须重新制定新的方案来应对这场战争，而德军又一次"思想同步"。于是，一场增加兵力与兵器的特殊竞赛代替了大规模的战役进攻。此后，英法联军先后投入的兵力达 51个师，飞机由 300 架增加到 500 架。德军方面的兵力增至 31 个师，飞机数量从 104架增加到 299 架。

英军的大口径重炮阵地

整个 8 月，英法联军采取了全面出击的战术，希望最大限度地消耗德军兵力，以达到局部形成突破口的目的。而德军以弹坑和掩体作依托，用机枪疯狂扫射英法联军的散兵队形，结果英法联军的战略目的仍然没有达到，在近两个多月的进攻中，联军的伤亡近 30 万人，战线只推进了 3 ～ 8 千米。不过德军的伤亡也同样惨重，达到了 20 万人以上。为守住索姆河防线，德军这段时间大约消耗了 600 列车厢的弹药。

直到 9 月初，英法联军终于达成了关于协同攻击的作战意图。9 月 3 日，英法联军再次发起猛烈的进攻，在强大的空中力量支援下，四个集团军从所有战线上实施了大规模联合攻击。双方围绕一些要点反复争夺，许多阵地都易手多次。然而，正当作战计划进行比较顺利的时候，天公不作美，一连多日下起了暴雨，加上出现大雾，炮兵和航空兵无法对地面部队给予帮助，再加上前期作战损失过大，英法联军决定启用一种全新的武器来结束这场战役。

3. 钢铁巨兽初临战场

9 月 15 日清晨，在索姆河畔的费莱尔一库尔杰莱提战场上，德军的士兵像往常一样，等待炮火结束之后英法联军的步兵冲锋，这样的作战方式已经持续了两个多月，德军士兵已经处于麻木状态。但是过后的情况完全出乎意料，远方出现的不再是德军熟悉的散线兵，而是十几个运动着的"黑点"，伴随"黑点"的还有巨大的轰鸣声。当德军士兵看清这些"怪物"原来是一种从未见过的可以移动的钢铁设备之后，德军向这些从未见过的"怪物"猛烈射击，但是机枪子弹对于这些"钢铁怪物"完全不起作用，这些"钢铁怪物"轻松地突破了德军原本错综复杂的阵地，而且它还自带机枪和火炮，德军士兵被这一突如其来的情况彻底打蒙，他们纷纷扔下枪支，掉头四散奔逃。

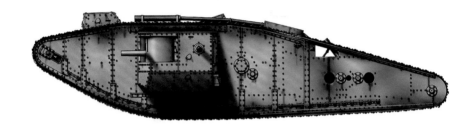

"马克"坦克侧面图

这种令人生畏的新式武器就是称雄战场近一个世纪的"陆战之王"——坦克。坦克的出现主要是为了突破敌军的堑壕和铁丝网。因为英国人在对德军的阵地战中人员伤亡惨重，因此英国人一直在寻找一种能突破堑壕体系的攻击型武器，这种武器既能突破堑壕和铁丝网，还可以抵挡密集的机枪火力，同时还要具备强大的攻击火力，坦克就是为了满足这样的战斗需求而设计出来的。

早在1915年初，英国的恩斯特·斯文顿中校和他的同事戴利·琼斯中校就向英国陆军部提出了研制坦克这种新式武器的建议，不过遭到了陆军部的拒绝。然而，时任英国海军大臣的丘吉尔却对这个计划很感兴趣。所以在英国海军部内部秘密成立了"陆地战舰委员会"，专门研制具有装甲防护的武器。1915年8月，世界上第一辆坦克在英国诞生了，它虽然只是一辆样车，但它的问世却是武器发展史上的一个里程碑。斯文顿中校随便给它起名为"水柜"，其音译成中文就是坦克。第一种用于实战的坦克命名为"马克Ⅰ"型坦克。这种坦克战斗全重为27.4～28.4吨，车体长8.1米，宽4.1米，高2.5米，每小时速度仅为6千米，最大行程36千米，所携燃油可使用6小时。

到1916年8月，英国共生产出49辆"马克Ⅰ"型坦克，这还是在海军大臣丘吉尔的支持下"非法"建造的。此时的索姆河战役让英军的损失已经无法忍受，所以英军前线司令海格不顾多数人的反对，命令他们参加战斗。

战场上抛锚的坦克

　　由于坦克的机械性能不佳，英军研制出的 49 辆坦克最终参战的只有 18 辆，即便是这 18 辆坦克在战场也展现了惊人的作战能力。英国 21 个步兵师在坦克的掩护下，5 小时就向前推了 4 ～ 5 千米，而以往要取得这个战果需耗费几千吨炮弹，牺牲几万人。而有了坦克之后，英军部队未遭受多大伤亡就占领了德军放弃的掩体，缴获了德军丢弃的机枪和火炮。

　　即便是有坦克这样的"大杀器"参战，索姆河战役仍然十分惨烈。持续了 4 个月之久的交战时间让它连同凡尔登战役成为整个一战中规模最大的战役之一。索姆河战役让参战双方损失惨重，但此次战役显示了协约国在军事和经济方面的优势，而且由于英法联军在索姆河战役中牵制了德军的有生力量，使德国发动的凡尔登战役以失败而告终，大大挫伤了德军的士气，对德军以后的行动产生了巨大影响。

准备参与进攻的坦克

英军的"马克I"坦克

4. 影响一百年的陆战武器

　　索姆河战役是一战中双方伤亡皆极为惨重的典型壕沟战。双方所投入的兵力、兵器都是本次大战中最多的。由于双方在正面狭窄的地段上，接连实施多次步兵突击来突破敌阵的战术，所以这场战役促使参战国开始装备坦克这样的重型器械，从而开启了人类现代重装武器参战的历史，并带动了一战与二战期间各国军事工业的蓬勃发展，而且这样的作战思想一直维持到海湾战争前。

MG08 马克沁机枪

　　当然，我们在谈论坦克在索姆河战役中作用的同时，也不能忽略此次德军以机枪、火炮构成的壕沟战强大的防御火力。而德军使用的就是鼎鼎大名的 MG08 马克沁机枪，据军事专家估计，一挺马克沁重机枪的威力相当于拿破仑时期的一个步兵团。在本次战役中，由于德军早期装备了大量马克沁机枪，所以对英法联军造成了巨大的伤亡。有人甚至说它收割了整个欧洲一代年轻人的生命。也正是由于马克沁重机枪的战地威力太过于强大，从而催生坦克过早地投入了战场。所以此次战役实际上是矛与盾之间的直接对话，也成为人类近代史上最重要的两种武器的第一次正面交锋，而这样的交锋一直持续至今。

英军缴获的德军的马克沁重机枪

>>> 为什么说"无限制潜艇战"是美军参加一战的导火索

所谓"无限制潜艇战"是德国海军部于 1917 年 2 月宣布的一种潜艇作战方法，即德国潜艇可以事先不发警告，而任意击沉任何开往英国水域的商船，其目的就是要对英国进行封锁。事实上，德军在两次世界大战中都采用了此战略，这里重点讨论其在一战时期所产生的影响。

1. 战役背景

事实上，德国在 1914 年一战开始后就开始对协约国实施潜艇战，给英国商船和战舰以沉重打击，只是担心影响力太大，所以只是采取"有限制潜艇战"。但凡尔登战役极大地打击了德军的信心，原有的反对势力也放弃了这一主张，"无限潜艇战"正式提上议程。全面的无限制潜艇战开始后，德军潜艇肆无忌惮地袭击所有船只，无论这些船只悬挂的是什么样的旗帜，都被视为敌对方的船只，任何海上航行的船只，都难免被击沉。

一战期间，德军的 U-14 潜艇在港口进行检修

　　"无限潜艇战"实际上还有一层不能言说的意思，那就是德国已经无法承受战争带来的痛苦了。因为自 1914 年夏天大战爆发以来，当时德国由于海上封锁，已经丧失了 40% 的工业产能、30% 的农业产能以及 75% 的商品出口量，尽管协约国也面临同样的经济和军事问题，但是英国本土的工农业生产并不曾中断，而且背后还有美国的资金与物资的支持，所以速战速决才是德国胜利的最后一线希望，如果无法在短时间内结束战争，德国的失败已经可以预见。所以经过德军对英国拥有商船总吨位的分析，德国海军只需集中 110 艘潜艇，在连续半年时间里平均每月击沉 60 万吨商船，就可以将英国的海上运输能力一举削弱 40%，届时德国将会有很大的机会获得胜利。更为重要的是，德方根据情报判断，美国将在 6 个月内完成参战动员，因此实施潜艇战的日程被严格地安排在 2 月 1 日到 7 月 31 日，否则美军一旦从大洋彼岸抵达战场，德军的战争前景将十分暗淡。

2. 成败皆萧何

1917年初，德国共拥有142艘潜艇，其中105艘属战斗编制。德国潜艇在公海区域内采取单艇巡航和编队巡航方式，使用的武器是鱼雷、水雷和火炮。由于英国和其他协约国对无限制潜艇战产生的后果严重性估计不足，"无限制潜艇战"给协约国造成了相当严重的损失。协约国商船的损失由1月的30万吨增至2月的40万吨，4月直接损失了85万吨。英国出海的商船中，平均每4艘就有1艘被击沉。

英国商船被德军潜艇击中

据统计，在这期间德国潜艇共击沉协约国商船2566艘，这些商船的注册总吨位为573万吨，其中英国商船就占3/5。而当年英国造船的总吨位只有270万吨。如果照此下去，英国国内的经济压力极有可能造成英军的溃败。

为了对付德国潜艇，英国动员了海军的全部轻兵力和潜艇，着手将大量的小型商船和渔船改装成扫雷舰和护卫舰，加紧建造新的反潜舰艇。仅在1917年，英国便动用了227艘舰队驱逐舰，74艘护卫舰和巡逻艇，65艘潜艇，406艘摩托艇，49艘快艇，以及上千艘准军事用渔船和上百架飞机。同时为了扫除德国潜艇布下的水雷，英军仅在 1917 年秋就出动扫雷舰艇达 3000 艘次，人员 25 万。此外，还采用了其他反潜措施和武器。

德军 U 型潜艇浮出水面的瞬间

与此同时，英国与协约国建立了一项大规模反潜工程：主要是建立 3 条水雷拦阻线。其中一条就是著名的北海雷幕。不过这次反潜作战并不理想，在 1918 年的战局中，德国在地中海损失的 13 艘潜艇中，只有 2 艘是在拦阻线上被炸沉的。

事实证明，最有效的反潜措施是护航制。因为英军发现，穿越英吉利海峡的运煤船队，因法国人坚持护航，几乎没有受到损失。运煤船队的 2600 船次只有 5 艘船被潜艇击沉，损失率为 0.19%，而在同一水域中独立航行的船只损失率为 25%。英国与挪威间的运输船队采用护航措施后，其损失率下降到原来的 1/120。所以英国海军开始在大西洋全部实行护航。1918 年护航队护送了 92% 的军用运输船和商船。护航所需舰艇数量从未超过在编军舰总数的 15%。最后，德军的"无限制潜艇战"已经失去了原有的战略目的，而且它还给了美国参与一战的口实，实在是有些得不偿失。

德国海军的 U 型潜艇驶入母港

3. 海狼出击

　　执行"无限制潜艇战"的潜艇则是人们所熟知的德国潜艇，因其在德语中的称谓是 Unterseeboot（水下船），故而也被简称为 U 型潜艇。虽然它在后世很多军事爱好者的眼中被赋予了某种传奇色彩，但其实在一战爆发前，U 型潜艇实际上在德军内部起初并不受重视，两次海军法案及其前两项修正案都没有纳入建造 U 型潜艇的计划，直到 1912 年通过了第三项修正案，才确定要扩充 U 型潜艇。直到开战前夜，德国的 28 艘 U 型潜艇可以细分为 11 个型号，而可同时出动的潜艇仅为 10 艘，可见当时 U 型潜艇并没有想象中那么强悍。不过由于德军的军港被英法联军封锁，海面主要作战舰艇无法出海，所以德军开始加快 U 型潜艇的制造速度，所以它的数量在执行"无限制潜艇战"时已经有上百艘。

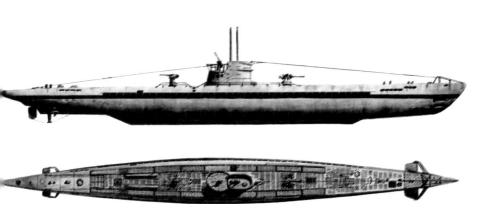

一战期间德军 U 型潜艇双视图

艺术家绘制的一战时期的海战场景

　　在 1915 年 U 型潜艇共击沉协约国和中立国船只 636 艘，总吨数 119.2 万吨，高峰期平均每天即可击沉 2 艘商船。虽然战果辉煌，但是 U 型潜艇还是有致命的缺陷，因为投入作战的 U 型潜艇大部分是战前设计的型号，其鱼雷携带量只有 6 枚，大多时候还是要依赖水面炮击。而且 U 型潜艇的水上航速只有 15 节，比大型邮轮还慢，水下航速更是低于 10 节，目标在遭到追击后仍有充分的机会逃脱。加上 U 型潜艇的吨位只有许多商船的 1/20，甚至 1/30，一旦目标转向冲撞过来，便只有下潜遁走。当英国皇家海军向商船船长传授了这一诀窍之后，U 型舰艇水面攻击的成功率就下滑了 50%。

4. 战役影响

　　如果说到"无限制潜艇战"最大的影响，就是直接给了美国参战的口实，让一战更快地结束。首先在 1915 年 5 月 1 日，冠达海运公司的客轮卢西塔尼亚号被德国 U20 潜艇发射的一枚鱼雷击沉，船上包括 124 名美国人在内的 1198 人藏身大海，虽然查实卢西塔尼亚号上的确携带有弹药等违禁货物，但是此事件在美国本土影响巨大。随着德国不断加强潜艇战，时任美国总统威尔逊向美国参众两院发表演讲，认为美国不能继续袖手旁观了。所以 1917 年 4 月 6 日，美国正式对德宣战。美国的参战成为压垮德国的最后一根稻草，随后德国开始溃败。

德军投降后，德国潜艇在英国南部搁浅

　　虽然"无限制潜艇战"没能最终取胜，但潜艇战的战法的确给了敌方致命性的打击，所以从那时开始潜艇战和反潜斗争就成了海军学术的重大课题。现如今，潜艇已成为三位一体的核反击力量中的重要一环，而反潜作战更加重要。可以说"无限制潜艇战"对现代战争产生了深远的影响。

最早的海上登陆作战是在什么时候发生的

加里波利之战，又称达达尼尔战役，这是一战中在土耳其加里波利半岛进行的一次战役。它始于一次英法联军的海上行动，目的是强行闯入达达尼尔海峡，打通博斯普鲁斯海峡，然后占领奥斯曼帝国首都伊斯坦布尔。

这次战役开启了当时最大规模的一次海上登陆作战行动。不过此战以奥斯曼帝国的胜利告终，协约国战败且付出惨重的伤亡代价，而且时任英国海军大臣的丘吉尔也因此下台，因而此战也被称为丘吉尔的"滑铁卢"。

1. 战役背景

在 1914 年的马恩河战役之后，协约国和同盟国在法国北方和比利时方向陷入了战略僵持状态。所以时任英国海军大臣的温斯顿·丘吉尔提出凭借英国海军的实力打开达达尼尔海峡，然后在加里波利登陆，直取奥斯曼帝国首都君士坦丁堡（今伊斯坦布尔）。此战如果取胜，不仅可以战胜奥斯曼帝国，也可以减轻俄罗斯高加索山战线的压力。这个战略构想从理论上看相当高明，但在实战阶段却非常糟糕。

集结在达达尼尔海峡的协约国联军舰队

2. 战役过程

英法两国共计有 62 艘战舰和大量辅助船只投入战役。舰队从 2 月 19 日开始炮轰达达尼尔海峡，当联军认为时机成熟时，16 艘军舰企图强行闯入狭窄的海峡通道，但其中 4 艘军舰触发水雷后慌忙撤退。在陆地上，英国突击部队在对方没有防备的情况下给对方造成了一定的损失。

在英法军队准备扩大战果时，隐蔽在阵地中的土耳其士兵一起开火，把正在攀登悬崖的英军打了个措手不及。1915 年 3 月 3 日，联军的首次登陆行动宣告失败。

联军依靠登陆艇登陆

　　联军发现单纯依靠海军无法夺取海峡之后，协约国在埃及和希腊群岛仓促集结了一支远征军，分别从两个不同登陆点上岸。英国军队从海丽丝岬登陆，另外的军团则在更北面靠近伽巴帖培的海滩登陆。然而，由于新组建的军团大多数士兵没有接受过夜间登陆训练，再加上对半岛地形一无所知，错误地登陆在目标以北的一个无名小湾。虽然建立了滩头阵地，但登陆军团根本就无法将部队有效地展开，实际上只是建立了一个不稳固的、难以防守的立足点。土耳其军队在穆斯塔法·凯末尔上校的指挥下，随即进行了猛烈的还击。经过一夜的混战，双方死伤惨重，已登陆的联军士兵在土耳其军队炮火的压制下，被困在临时掩体中动弹不得。

英军士兵登陆瞬间

躲在堑壕中的士兵使用潜望镜观察战地情况

　　直至 1915 年 5 月 1 日，土耳其军队开始大举反攻，先后击沉了英国战列舰歌利亚号、凯旋号和威严号，使登陆部队失去了海军的支援。最后地面部队被困守在一条从海滩到前沿不过 400 米的单薄的阵地上。虽然损失惨重，但协约国为了赢得此次战役的胜利，又调配了 3 个师的英军前往半岛支援。但是支援非但没有起到作用，反而加重了英军的损失。战役持续到当年初冬，寒冷的天气击溃了严重缺乏给养的登陆部队，当时超过 16 000 人冻伤，甚至有人冻死。在 1915 年 11 月 23 日，国防大臣基钦纳视察战场后，不得不下令按阶段撤退。在这场战役中，联军唯一可以称赞的就是 9 万军人秘密撤离加里波利，而土耳其人完全没有发觉，且整个撤退行动伤亡不到 10 人。

联军撤退现场

3.战役影响

  后来的军事学家分析此次作战计划的疏漏，虽然也有指挥不当、配合不力之处，但最大的原因应该归咎于指挥者的优柔寡断，正如一名英国历史学家所言："这是一个正确、大胆而有远见的计划，但却被在执行过程中出现的一系列英国历史上前所未有的错误给断送了。"

  英国战史学家约翰·富勒在其著作《西洋世界军事史》中认为加里波利战役在战略上并无不可，但在战术上却是一次惨败。更糟的是，战役本身支援俄罗斯的目标并未实现。

为什么说无畏舰在"日德兰海战"之后就逐渐销声匿迹了

日德兰海战是英德双方在丹麦日德兰半岛附近爆发的一次大海战。这是第一次世界大战中规模最大的海战，也是这场战争中交战双方唯——次全面出动舰队主力的决战。最终，德国公海舰队以相对较少吨位的舰只损失击沉了更多的英国舰只，从而取得了战术上的胜利。但英国皇家海军本土舰队成功地将德国海军封锁在了德国港口，从而取得了战略上的最终胜利。

而无畏舰则是20世纪初各海军强国竞相建造的一类先进的主力战舰的统称。无畏舰的分类来源于英国海军于1906年开始建造的"无畏"号战列舰。它取消了以往战列舰上用于攻击的二级主炮，装备了统一口径、统一型号的主炮，并使用高功率蒸汽轮机做动力，这样可以使战斗中的机动性大大加强。

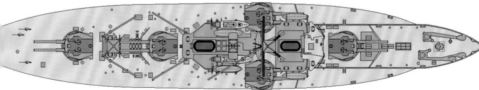

"无畏"号战列舰三视图

1. 战役背景

一战爆发前，德国的海军力量无论是舰只数量还是排水吨位都落后于英国，火炮口径和数量也不及英方。因此，战争开始以后，德国的公海舰队大多数时间都被困在港口，无法参战。时任德国大洋舰队司令的赖因哈德·舍尔海军上将决定摆脱这种困境，于是制订了一个富有进攻性的大胆计划：首先以少数战列舰和巡洋舰沿着英国沿海地区开展一系列打了就跑的袭击行动，诱使部分英国舰队出击，继而在决战中击败英国主力舰队。这个计划看上去似乎非常完美，但是此次行动的目的其实早已没有秘密可言。

这是因为德国海军的密码本和旗语手册早已落到英国人手里，英国海军可以轻易破译德国海军的无线电密码。所以在大战前，英国海军已经知道了德国的计划。而英军指挥官也希望将错就错，在与德舰队交上火，主动示弱后，将对方引向舰队主力的方向，这样就可以一举歼灭德国舰队。可以说英军在战略布局上占据了先手，不过在战术上不够聪明。

2. 战役过程

其实在大战的头两年，在北海战区英德海军仅打过两次小规模海战，而且只是双方战列巡洋舰之间的交手，直到1916年5月31日，德军进行了同样的尝试后，英军主力舰队才倾巢而出，爆发了历史上唯一一次无畏舰之间的大规模海战。战前，德国舰队共99艘战舰（16艘战列舰，5艘战列巡洋舰及其他舰艇），英国舰队共151艘战舰（28艘战列舰，9艘战列巡洋舰及其他舰艇）。

英军舰队编队出行

　　5 月 31 日 14 时 15 分，英军战列巡洋舰队与两艘德国驱逐舰遭遇，也正因这次遭遇战，掀开了日德兰海战的序幕。原本军舰数量和火炮具有压倒性优势的英国人，由于战术指挥失误，自己将舰队分成两部分追击德军，从而在海战前半个小时变为劣势。双方舰队遭遇后，德军率先开火，英舰随即还击，英德战列巡洋舰之间爆发了第一轮交锋。由于此时是德军指挥官率舰队向东南航行，试图将英舰引向公海舰队主力，而英国舰队也在后方追赶，因此后来将这一阶段的交战称为"南向追逐战"。

　　由于英军处于逆光方向，在攻击德军舰队时距离判断失误，因此在开始阶段英军基本上没有获得什么攻击效果，并且整个舰队还处于下风口，各舰之间的浓烟也影响了瞄准与旗语的交流。而德军则完全没有这个问题，出色的能见度和精准的舰炮射术帮助德军很快就击中了半数英舰，而英军在开火的前 7 分钟内竟然无一命中。

　　很快，两艘英国战列巡洋舰相继被德军击沉，此时英国海军的第五战列舰分队才追上来，其中就包括装备有 8 门 381 毫米主炮的 4 艘伊丽莎白女王级战列舰，这也是当时世界上最强大的战斗舰，被称为"超级无畏舰"。然而，由于德式战列巡洋舰装甲比较厚，虽然各舰都有负伤，但却无一艘沉没。

被击沉的英国"玛丽皇后"号战列巡洋舰

　　随后，英德双方的后续战舰均加入了此次海战。试想一下：24艘英方战列舰形成单纵阵横在德军舰队面前，史上最大的战列舰会战正式开打，此时阵中两军有46艘战列舰彼此交火，算上仍在此处的双方战列巡洋舰队则共有62艘无畏舰，总吨位超过100万吨，规模不仅空前，且将绝后。

被英军击中的德国"塞德利茨"号战列巡洋舰

　　大规模海战开火不久，德军就意识到如果不改变战术，将很有可能全军覆灭，所以在短暂交火20分钟后，德方舰队试图逃离战场，并由战列巡洋舰殿后。但英方并没有因此停止攻击，而是一直围追堵截，双方在移动中交战数次，至当日20时20分前后，英德双方的战列巡洋舰队最后一次交火，随后双方再无大规模舰队的接触，至此日德兰海战结束。

　　此役，英国舰队损失3艘战列巡洋舰、3艘装甲巡洋舰和8艘驱逐舰，累计吨位11万吨；德国舰队损失1艘无畏舰、1艘战列巡洋舰、4艘轻巡洋舰和

5 艘驱逐舰，累计吨位 6 万吨。但此后德国公海舰队再也不敢出海冒险，只成为理论上存在的舰队。

曾参加日德兰海战的英国"厌战"号战列舰

3. 战舰简介

无畏舰具有两种革命性的创新设计，一是采取"全重炮"武装配置，其装备的大口径火炮数远超以往的战舰，二是使用蒸汽涡轮发动机作为推进系统。无畏舰一般装备的是 10 门 305 毫米主炮，这也是第一代无畏舰的标准口径。当时为了追求火力，英国甚至想生产 457 毫米的主炮，后因为"华盛顿条约"而放弃。除了主炮外，无畏舰还配备了对付鱼雷快艇的副炮，但因副炮的效果不好，所以后期的无畏舰没有安装副炮。

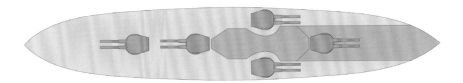

英国"无畏"号战列舰的主炮布局

无畏舰另外一个进步之处在于其采用蒸汽涡轮发动机作为动力，不过当时也只有英国采用这样的驱动方式，其他国家很少采用这样的动力系统，有些甚至采用老式的往复式蒸汽机。在相同重量下，涡轮发动机的功率比往复式发动机更高，而且作业环境相对干净、可靠性较高。但蒸汽涡轮发动机在巡航速度条件下存在燃料转换效率较低的缺点。

英国"无畏"号战列舰模型

由于无畏舰显著的战斗特性，它当时甚至成为一个国家国力的重要标志，各国展开了规模巨大的无畏舰建造竞赛，遍及欧洲、亚洲和美洲国家，尤其是英国与德国竞争最为激烈、建造数量最多。无畏舰造舰竞赛也在一定程度上促成了一战的爆发，并一直持续到开战当年。一战结束后，当时世界海军强国为避免再因造舰竞赛重起战争，召开了"华盛顿裁军会议"，以此限制各国海军军舰的吨位和武装，但仍然有许多艘"超无畏舰"参加了二战。

4. 战役影响

在整个日德兰海战中，造价高昂的战舰并没有展现出应有的战斗力，并且弱点却暴露无遗，在面对成本便宜的武器攻击下，它显得尤其脆弱。比如在战斗后期，德军在阵位、数量以及火力等条件上都居于劣势、不得不撤退的时候，就是因为德军巡洋舰与驱逐舰的鱼雷对"无畏"号战列舰的威胁，所以英军只能放虎归山。而且随着后期科技水平的不断发展，大舰巨炮的战船机动性成为致命弱点，尤其是在潜艇和航母面前，这些大舰巨炮都会成为海上的活靶子，完全无法适应战争的需要，所以无畏舰这样的战舰也就逐渐退出了历史舞台。

Part 02

二战经典战役篇

▶▶▶ 二战期间，"静坐战争"最后导致了哪些恶果

在二战爆发的时候，有一场奇怪的战争，史称"静坐战争"，在这场奇怪的战争中，虽然双方都没有主动进攻，但是这场战争的后果却非常严重。这场战争的时间从英法宣战之日起到 1940 年 5 月 10 日德军向西线进攻止，这 8 个月可分为两个阶段，第一阶段为 1939 年 9 月起直至波兰被德军占领；第二阶段为 1939 年 10 月初到 1940 年 5 月。第一阶段战争主动权掌握在英法手中，他们可以利用绝对优势攻击德军，越过莱茵河，威胁德国中心工业区鲁尔，有效地支援波兰；第二阶段随着波兰被占领，德军主力西移，主动权转移到德国手中，希特勒在大谈和平的烟幕下，抓紧扩军备战，积极准备在西线发动进攻。

当时英法联军在战地上悠闲娱乐

1. 战役背景

此次战役的根本原因是英国在一战中遭受严重损失，战后经济恢复非常缓慢。而军备则是恢复经济的重要障碍，其为了保住世界霸主地位，因此更多地希望采用外交手段来解决国际争端。而法国也面临相似的问题，同时法国的政局也不稳

定，内阁更替频繁，使其对外政策难以保持坚定性和连续性。加上俄国十月革命后，国际关系中开始了资本主义和社会主义两种社会制度的对立和斗争。英法等西方国家为消除苏联对欧洲的影响，当德国对外扩张时，英法竭力想把这股祸水引向苏联。也就是说，这场战役实际上是英法默认德国入侵波兰，但是又不得不宣战的矛盾产物。

"静坐战"期间英军在法国使用的一门榴弹炮

　　而德国则利用了英法对待德国入侵波兰的态度，进而在战争中采用了同样的策略，以防守为主要手段，而将主要作战力量放在了东线的作战上。

2. 战役过程

　　1939 年 9 月 1 日，德军以大兵力、闪电战术，对波兰发动突然袭击。英法为了履行"保护"波兰独立的诺言，被迫对德宣战，实际上却宣而不战，既未派一兵一卒援助波兰，也未在西线发动攻势。此时英法联军在西线总共有 110 个师，而德军只有 23 个师。如果此时英法军队在西线进攻，将致德军首尾不能相顾，甚至整个二战都不可能发生。但英法军队却龟缩在防御工事中，当时法军发表的战报经常是"西线平静，无事可叙"。而英国空军竟然下令飞机禁止轰炸德国军事目标，只允许在上空撒传单。

战争爆发后的 3 个月，双方只是偶尔互有射击，英军才第一次阵亡一个巡逻班长。从 1939 年 9 月到 1940 年 4 月，法军伤亡 1400 多人，英军死亡 3 人，德军伤亡仅数百人。这段时间双方在空中与海上也有小规模的冲突，但因为双方心照不宣，所以战斗规模都很小。

法军士兵在掩体内休整

3. 战争后果

在德国攻占波兰之后，直接将矛头指向一战的老对手——法国及其盟国。此后，德军开始进攻比利时、荷兰和卢森堡。英国因支援芬兰失败，导致时任英国首相张伯伦在下议院备受攻击，不得不辞任首相，后由当时反对绥靖政策的丘吉尔出任首相。而法国的情况则更加糟糕，由于军心民心都已丧失，在随后的战争中，法国很快被德军入侵，几近亡国，这场战争也是二战重要的转折点，它使法西斯的侵略野心进一步膨胀，进而引发了全面的世界大战。

英国的"强硬派"丘吉尔走马上任首相

▶▶▶ 德军为什么在敦刻尔克没有完全击溃英军

　　由于英法联军的不作为，导致法国很快被占领，而进入欧洲大陆的英军也被逼到了敦刻尔克这个地方，命悬一线。连当时英国首相丘吉尔都觉得如果能撤出 10 万部队已经是非常了不起了，但令人意外的是，希特勒却下达了停止前进的命令，并画出了停止线。最终英法撤退的士兵人数达到了 33.8 万人，那么是什么原因让英法联军逃出生天的呢？

1. 德军内部认识不统一

英法联军敦刻尔克撤退现场

在希特勒下达停止命令之前，当时德军装甲兵团司令克莱斯特曾在 23 日特令军队停下脚步。主要是纳粹装甲部队快速推进时装备磨损严重，需要休整。但是德国陆军参谋长哈尔德希望一举击溃英法联军，因此要求装甲部队进攻敦刻尔克，但是克莱斯仍命令军队就地休整。当争执双方意见不统一的时候，最后闹到了希特勒那里，所以也就出现了那个违反常规的作战命令。还有就是当时的一线指挥官完全没有考虑到英国竟然有那么大规模的水上运输能力。

被德军俘虏的英法士兵

2. 戈林怕陆军坐大

德国陆军在欧洲西线节节胜利，但是德军内部的人并不是都高兴，尤其是空军司令赫尔曼·戈林就更不舒服了。因为戈林在 1935 年被希特勒任命为德国空军总司令后，德国空军在空战中并没有取得真正辉煌的战绩，而且其与陆军高层交恶。

当陆军接连取得闪击波兰、突击阿登高地等战果后，如果再将英法联军彻底击溃，那么空军的地位就岌岌可危了，所以戈林利用与希特勒的关系，开始影响这次作战计划的制订，希望德国空军在作战计划中发挥更多的作用。但此时德军离敦刻尔克比较远，而英军的作战半径更近，所以德军的空中力量并不占优。即便如此，戈林仍然认为空中战斗才是此次战役的决定性因素，并试图用空军彻底取代陆军继续推进。

而且，当时德军认为陆军坦克是未来战争中重要的作战力量，因此不希望军队在敦刻尔克有巨大的损失，这不符合未来战争的发展趋势，所以陆军与空军之间达成了一种微妙的均衡，而正是这个缝隙，给身处绝境的盟军提供了一线生机。

敦刻尔克大撤退时的英军指挥官约翰·维里克

敦刻尔克大撤退期间遭到德国空军轰炸的场景

3. 不希望全面开战是根本

　　虽然欧战英国战败，但是英国作为当时世界第一殖民帝国，无论是物质资源还是人力资源都很丰富，足以与德国抗衡。而且当时英国皇家海军拥有足够的实力阻止德军渡海作战，所以德国更希望英国退出战争，保持中立。如果德军在敦刻尔克将盟军一举歼灭，那么未来将无法与英国进行和平谈判。同时德国吸取了一战的教训，不希望英国的传统盟国——美国再次加入这场战争，所以德军最高指挥部下达了装甲部队距离敦刻尔克 20 英里的地方不再前进的命令。

　　不过在此次撤退中，英法联军将所有重装备全部丢弃，只保留了步枪和数百挺机枪等轻武器，而丢弃了近 1200 门大炮、750 门高射炮、500 门反坦克炮、63 000 辆汽车、75 000 辆摩托车、700 辆坦克、21 000 挺机枪、6400 支反坦克枪以及 500 000 吨军需物资。同时，英法联军有 40 000 余人被俘，还有 28 000 余人死伤。这一战让英法联军的作战实力大打折扣，而正是经历了这次战役，也让英法同盟的关系更加紧密，为日后的反攻打下了坚实的同盟基础。

当时海滩上留下了相当数量的英法联军的装备

>>>>> 为什么容克 Ju-88 参加了大部分德军的作战行动

　　容克 Ju 88（Junkers Ju 88）是二战时期纳粹德国空军所使用的双活塞式引擎中型军用飞机，从 1939 年开始服役，直到 1945 年退役，于 20 世纪 30 年代中期由容克斯飞机与发动机制造厂的总设计师胡戈·容克斯亲手设计出来。容克 Ju 88 是纳粹德国空军在二战期间所使用的标准战斗型飞机之一。在战争中执行过许多不同的任务，被称为全方位工作机，它在大战期间成功地服务于多种目标，是用途最广泛的飞机之一。

容克 Ju 88 多用途战斗机

1. 战机概述

容克 Ju 88 最初的目标是作为快速轰炸机与俯冲轰炸机建造的，后续的多种修改让它成为集长程轰炸机、鱼雷轰炸机、水雷布雷机、海面或长程侦察机、气象观察机、战斗轰炸机、歼击机、夜间战斗机、坦克杀手、地面攻击机等多种功能于一身的战机，在战争末期甚至曾改装为飞行炸弹。尽管其开发过程受到种种延误，但二战期间德国总共生产了 14 882 架 Ju 88，其生产数量远超过德国任何其他双引擎军用机，是德军在二战中生产最多的飞机。

尽管容克 Ju 88 有几十种衍生机种，但其基本架构却始终未曾更动，这

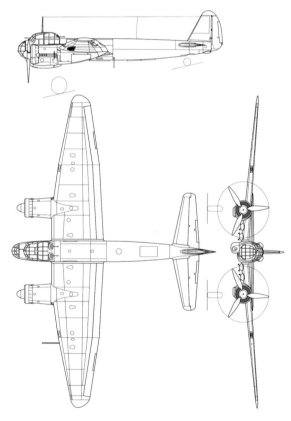

容克 Ju 88 三视图

足以证明其原始设计的优越性。容克 Ju 88 型拥有一张令人眼花缭乱的改型清单，在战争期间产生了 A、B、C、D、G、H、P、R、S、T 等多种改进型和 Ju 188、Ju 388 两种衍生型。容克 Ju 88A 型是最主要的生产型号，其产量占到 Ju 88 总产量的一半，产生了至少 17 种子型号。从 A-4 型开始，容克 Ju 88 将翼展从 18.37 米增加至 20 米，以改善其操纵性能。A-6 型重点改善了操纵稳定性，机动性突出，即使在俯冲拉起过程中也可进行机动。Ju 88A 型主要是作为四座轰炸机列装的，但除了常规轰炸型外，也发展出对地攻击机、鱼雷轰炸机、教练机以及热带改进型等。

容克飞机组装车间

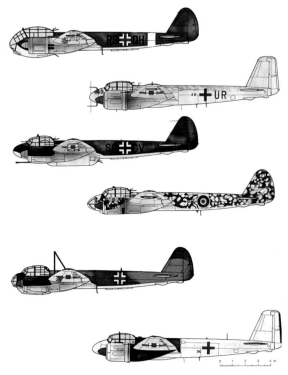

容克 Ju 88 多种型号对比

容克 Ju 88 重型轰炸机

2. 实战案例

容克 Ju 88 最早参与了闪击波兰的行动，首次参战共有 12 架飞机及其组员，并将他们配属给第 25 轰炸机联队第 1 中队。由于作战次数很少，该机型没产生什么影响。但是在挪威之战中容克 Ju 88 还是发挥了自己应有的作用。纳粹空军为了威塞尔演习作战，于第十航空军下投入第 30 轰炸机联队第二大队参战。该单位配备有容克 Ju 88 飞机并以和盟军航运交战为其主要目标。在 1940 年 4 月 9 日，第 30 轰炸机联队的容克 Ju 88 协同第 26 轰炸机联队的亨克尔 He 111 进行俯冲轰炸，击伤了英国战列舰"罗德尼"号，击沉了英国驱逐舰"挞卡"号。然而第 30 轰炸机联队在行动中损失了 4 架容克 Ju 88，是整场战役中德军单次战斗损失最大的一次。

被击中的"罗德尼"号战列舰

之后容克 Ju 88 参与了不列颠空战，在战斗激化之际，容克 Ju 88A-1 机与 A-5 机被交至作战部队。不过在不列颠之战中容克 Ju 88 损失比较大，在 1940 年 7 月至 10 月，在英国上空损失的容克 Ju 88 高达 313 架。同时期的 Do 17 与 He 111 损失分别高达 132 架及 252 架。后来，德国空军为了使其不易遭攻击，给其配备了一系列的野战套件，包括后机枪更换成双管机枪及外加的驾驶舱装甲。

容克 Ju 88 准备飞行

　　在不列颠之战的尾声期间，旗舰型的 Ju 88 A-4 开始服役。虽然 A-4 比 A-1 要慢，但是所有 A-1 上的缺陷都已被弥补，Ju 88 终于成长为一流战机。A-4 实际上得到额外的改进，包括更强力的引擎，然而不像纳粹空军中的其他飞机，它没有得到新的机型代号变动。容克 Ju 88C 也受惠于来自 A-4 的变动，而在纳粹空军后来决定装备一种新的重型战斗机时，容克 Ju 88C 就是一架强力的、精练的飞机。

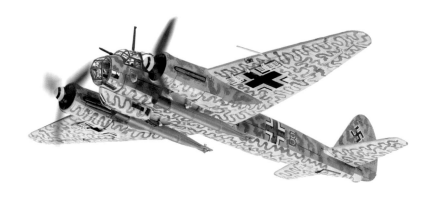

容克 Ju 88A-4

实战见真知，容克 Ju 88 之所以被称为"全能博士"，就是因为它的整体性能优异，可以完成大多数空中作战任务，尤其是它的设计思路更加值得借鉴，对后世的飞机设计影响很大。

▶▶▶ "不列颠空战"为何成为二战的重要转折点之一

不列颠空战，是二战期间 1940—1941 年纳粹德国和英国之间爆发的一场大规模空战。而这次战争也是二战中规模最大的空战，除了英、德两国之外，包括同属英联邦的新西兰、加拿大、澳大利亚、南非、爱尔兰、牙买加、斯里兰卡、南罗德西亚等国的空勤人员，以及许多被纳粹德国占领国家的流亡政府，包括波兰、比利时、捷克斯洛伐克、法国等撤至英国的空军，也加入了保卫英国的行列；当时属于中立的美国也有志愿者组成了"飞鹰中队"与英国并肩作战。同属轴心国的意大利则派出"空军军团"与德国空军一起战斗。战争在 1941 年 10 月 12 日以德国的失败告终，由于损失过多的战机和飞行员，又无法取得英吉利海峡的制空权优势，更无法借由空袭瓦解英国的地面和海军战力，德国因此不得不放弃入侵英国的"海狮计划"，开始制订入侵苏联的"巴巴罗萨计划"。

1. 战役背景

希特勒打败法国后，整个西欧地区基本上被德国控制，只剩下英国还在抵抗。由于纳粹德国战前储备的原油不充足，同时为了筹备之后对苏作战计划，希特勒认为不应在西线消耗太多力量，所以打算与英国签订和平条约。然而，时任英国首相丘吉尔识破了希特勒的外交伎俩，在压制了英国国内的纳粹势力以及外部的劝降势力之后继续筹备军事力量以应对德军可能突然发起的进攻。丘吉尔在就职仪式的演讲中明确地说："我们的政策就是用上帝赋予我们的所有力量，在陆地、海洋和天空，向人类历史上从来没有的黑暗罪恶势力战斗！"希特勒几次劝诱无效后，不由恼羞成怒，下令制订入侵英国的"海狮计划"，而这个计划的第一步就是利用德军的空中优势击败英军的防御力量。"海狮计划"规定：在 8 月 5 日前后开始对英国发动空中进攻，然后根据空中攻势的结果决定登陆日期。因此，这个计划成败的关键将取决于空中战役的结果。

正在飞越英吉利海峡的德军战机编队

2. 战役过程

　　"不列颠空战"总共可分为四个阶段。第一阶段始于 1940 年 7 月 10 日，止于 8 月 23 日，这个阶段的德国空军主要攻击英吉利海峡的护航船队、袭击南部港口，企图诱歼大量英国战斗机，为实施"海狮计划"登陆行动作准备。而英国皇家空军有效地使用战斗机、雷达和高炮对德军进行还击，德军这个阶段的战役效果不佳。

　　8 月 24 日至 9 月 6 日是不列颠空战的第二阶段，德国空军企图打开通往伦敦的空中通道，以消灭剩余的英国战斗机并摧毁其地面设施和飞机制造厂，随后对伦敦实施集中轰炸。德军根据戈林的决定，对英军第 11 大队的主要基地和英格兰南部的飞机制造厂进行了大规模空袭，在这两周时间里，德军每天出动飞机都在 1000 架次以上，其中 8 月 30 日和 8 月 31 日两天，更是达到了日均 1600 架次。而这个阶段，也是英国皇家空军自开战以来最为困难的阶段，此时英军飞行员有 103 名阵亡，128 名重伤，伤亡总数占全部飞行员的 1/4。英国空军的指挥和通信系统已经到了崩溃的边缘。虽然此时德军损失了 214 架战斗机和 138 架轰炸机，但仍然有足够的力量继续发动攻势。不过此时德军的后勤供给出现了问题，德国军方高层被迫将战略目标从攻击军事目标压倒英国皇家空军转为攻击城区并削弱英国国力，而入侵英国的"海狮计划"被无限期搁置。这个时候也就开始了历史上著名的伦敦大空袭，这也是不列颠空战进入第三阶段的标志。

英国人工观察哨

　　这个阶段其实是英德双方互相轰炸对方的首都，首先是德军轰炸机飞临伦敦，在市中心投下了炸弹，然后英国空军也出动 81 架轰炸机空袭柏林作为报复。尽管此次空袭造成的物质损失微乎其微，但在心理上极大地震撼了德国民众。8 月 28 日夜和 8 月 31 日夜英军又两次空袭柏林。此时的希特勒被激怒了，决定从 9 月 7 日起将攻击重点转为伦敦。

英国消防队员在轰炸后进行灭火作业

　　而在 9 月 15 日，英国空军先后出动了 19 个中队 300 余架战斗机，迎战前往伦敦的德军 200 架轰炸机和 600 架战斗机组成的大机群，激烈的空战持续了整整一天，在英军的英勇抗击下，很多德机漫无目的地投下炸弹，匆匆返航。全天有 56 架德机被击落，其中包括 34 架轰炸机，另有 12 架在返航和着陆途中伤重坠毁，还有 80 架飞机是带着满身的弹痕着陆，英军在空战中损失 20 架"飓风"和 6 架"喷火"，还有 7 架伤重报废。这一天是不列颠空战的转折点，德国空军终于意识到，他们并没有掌握英国南部的制空权，因此不能够在白天进行为所欲为的空袭，英国空军不仅没有被消灭，而且还很强大。战后，英国就将 9 月 15 日定为不列颠空战日，以纪念这一辉煌胜利。

　　第四阶段则是德军继续对伦敦进行轰炸，并扩大到对考文垂、伯明翰、利物浦、南安普敦等城市实施夜间空袭，这一阶段中德军空袭的目的不再是消灭英国空军，而是对英国工业城市进行空袭，以削弱英国的军事工业，进而牵制英军的大量海陆空军于本土，以掩护为进攻苏联而进行的准备。值得一提的是，此时英军通过破译德军的最高机密——埃尼格玛密码机，事先已经确切掌握了德军的空袭计划，但是为了不让德军察觉这一"战略底牌"，英国决定一切照常，所以此次德军轰炸考文垂的行动"战果斐然"，总计有 5 万多幢建筑被炸毁，死亡 554 人，重伤 864 人，12 家生产飞机零部件的工厂遭到破坏，致使英国飞机减产 20%，考文垂市区的水、电供应中断 35 天才恢复。

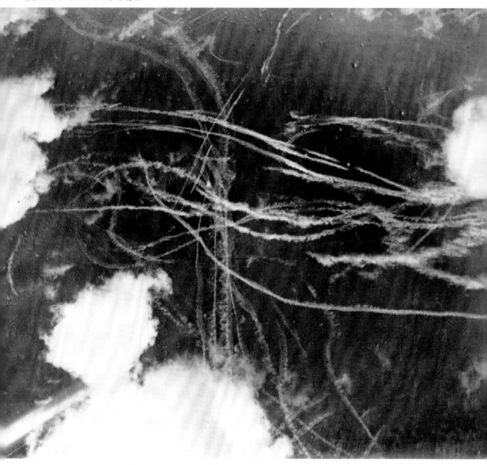

德军和英军战机空中格斗留下的喷气蒸汽轨迹

　　但在这个阶段，英军发现德军使用无线电导航技术以提高夜间轰炸精度后，迅速采取了针对性的措施，建立了一批专用电台，对德军的无线电导航信号有意进行错误转发或强力干扰，通过这些早期的电子对抗，使德军无线电导航的轰炸精度下降了 80%，诱使德军将大量炸弹投到了无人地带，这也是早期电子战在实战中最经典的战例之一。

德军战机飞临伦敦上空

英国皇家空军作战指挥室

位于英国东海岸的雷达室

3. 战役影响

本次空战的直接影响就是德国再也无法掌握对英国的制空权。不列颠空战前期，德国空军本来能与英国皇家空军抗衡，但因为戈林的战略失误，致使德国空军未能抓住机会重创英国皇家空军，反而因为长期的拉锯消耗，致使德空军实力大损。由于英军基本上是在本土作战，因此即便飞机被击落，逃生后还可以继续作战，而且后勤补给也很便利。而德军在这些方面都是短板，所以德国空军此役损失了大约2000 架飞机和 6000 名空勤人员，从此德空军一蹶不振。最终德军被迫放弃"海狮计划"，这也是因为空战消耗了己方太多的军力但没有达到战略目的而不得已才作出的决定。

这次战役中表现最为出色的武器不是双方的战机，而是英军雷达发挥了巨大的作用。雷达技术问世后，德国人致力于将其运用在潜艇部队上，而英国人则研究创新后抢先将其运用在航空预警领域。同时期英国的雷达技术远超德国，致使德国战机、舰艇的一系列行动都被英国人看在眼里。从此，雷达技术也成为各国空军发展的重点。

被德军轰炸的伦敦市区

>>> 为什么说"塔兰托战役"揭开了航空母舰作战历史

塔兰托战役发生在二战中的 1940 年 11 月 11 日晚至 11 月 12 日，英国皇家海军进行了历史上首次航空母舰舰载机对海军舰只的进攻，从地中海上的航空母舰派出少量飞机攻击位于塔兰托港内的意大利舰队，其预示着大舰巨炮主义的终结以及海军航空兵的兴起。

当时塔兰托港口停靠的意大利舰队

1. 战役背景

　　塔兰托海军基地是意大利海军最重要的基地。这里自然条件优越，港湾三面由陆岸环抱，水域宽阔，有内外两个港区。基地设施完善，可供各种军舰停泊。早在第一次世界大战前，意大利皇家海军第 1 中队就以塔兰托为基地。二战期间，这里是意大利在非洲北部利比亚一带军事行动的重要补给地点，而英国在北非的军事行动则会被意大利海军从这个港口开始截断，这个港口对于英军而言可谓如鲠在喉。所以打击这个港口的意大利海军是势在必行的行动。经过英军的讨论，制订了代号为"审判行动"的计划，他们希望利用航空母舰突然发起打击行动，这也是军事历史上第一次以海军航空兵为主的作战行动。

意军战舰被击中后，打捞船准备对其进行打捞

2. 战役过程

　　英国海军在 1940 年 11 月 11 日晚上派出一架水上飞机进行最后侦察，当时进攻部队已经在港外 170 千米的海上做好作战准备。第一波攻击由 12 架"剑鱼式"鱼雷轰炸机在晚上 9 时从"光辉"号航母上起飞，一小时后第二波的 9 架飞机再次起飞。第一波包括水平轰炸机及鱼雷轰炸机在晚上 10 时 58 分到达港口并分成两组，一组攻击在外港的军舰，而另一组较少的飞机攻击内港，第二波在一小时后从城市西北部发起进攻，在进攻中意大利战列舰维托里奥·维内托号时被 3 枚鱼雷击中，而另外两艘战列舰迪·加富尔伯爵号及卡约·杜伊利奥号各被一枚鱼雷击中，一艘巡洋舰在内港被炸弹击伤，第一波中的其中两架飞机施放照明弹以便在黑暗中照亮目标。而英军只有 2 架战机被击落，2 名飞行员被俘，另外 2 人失踪。

　　"光辉"号航空母舰是英国"光辉"级航母的首舰,是当时英国海军中的佼佼者。该航母于 1940 年 8 月加入英国海军地中海舰队,舰长 229 米,舰宽 29.2 米,标准排水量为 23 000 吨,可搭载 36 架舰载飞机,舰速 30 节,舰上官兵 1392 人。舰载飞机中有 22 架"剑鱼"式鱼雷攻击机,12 架双座战斗机。除了舰载飞机外,还装有对空警戒雷达和 16 门 114 毫米高炮。通过雷达屏幕,雷达兵可以昼夜捕捉来袭的空中目标。"光辉"号航母装甲防护能力强,飞行甲板装甲厚度为 7.62 厘米,可承受 2000 米高空投下的 225 千克的炸弹袭击。

英国"光辉"号航母

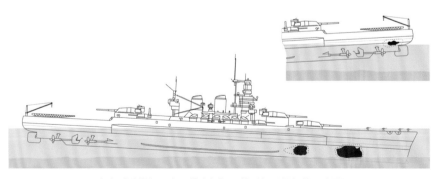

意大利"维托里奥·维内托"号战列舰受损部位示意图

在塔兰托战役中，英军取得了重大战果，"光辉"号航母上的舰载机用了一个多小时击沉意大利战列舰 1 艘，重创 2 艘，击伤意大利巡洋舰及辅助舰各 2 艘。这次战役改变了二战初期英意两国在地中海的海军力量的比例（战前为 4：6，战后为 4：3），使英军在地中海周边区域处于战略优势地位。

意大利军舰被击中后港口出现大范围渗油现象

3. 战役影响

塔兰托战役从实战角度证明了大型水面舰艇在优势海空力量的打击下，已经完全失去了原有的作用，可以说，这场战役改变了现代海战的作战模式，并且初步奠定了航空母舰在现代海战中的主导地位。此役之后，航母一直是现代海战的核心，而且其战力一直在加强。后期日本偷袭珍珠港，也是从这里获得启示的。

塔兰托战役的假想图

1941 年，马塔潘角海战中意大利海军是如何战败的

马塔潘角海战是二战中在希腊伯罗奔尼撒半岛海岸附近发生的一次海战，战事由 1941 年 3 月 27 日持续至 3 月 29 日。英国皇家海军及澳大利亚皇家海军在此役击败了意大利海军，从而彻底改变了地中海地区同盟国和轴心国之间的海军军力对比。同时这次海战也是自日德兰海战之后最大的一次海上对战。

英军舰队旗舰与其他战舰编队航行

英军"金枪鱼"舰载机从航母起飞攻击意军战舰

1. 战役背景

1941 年 3 月初，意大利最高统帅部根据德国的要求，命令其海军破坏从埃及至希腊的英国海上交通线。26 日，意海军上将安祖·亚基诺率战列舰 1 艘、巡洋舰 8 艘、驱逐舰 13 艘驶向克里特岛，企图在该岛附近海域袭击可能出现的英护航运输队。

盟国海军是地中海舰队，包括航空母舰可畏号、第一次世界大战中最先进的战列舰巴汉号、勇士号及旗舰厌战号，整个舰队由 2 支驱逐舰队护航。意大利舰队由安祖·亚基诺上将率领，包括意大利最先进的维托里奥·维内托号战舰，此外还有几乎全部意大利海军的重巡洋舰，包括苏拿号、波河号及波拉号等，2 艘轻巡洋舰及 17 艘驱逐舰。需要特别说明的是，意大利海军没有任何一艘舰只装备雷达，而英军数艘战舰已装上雷达。这也是双方胜负的重要技术差距。

英军战舰停靠在港口

2. 战役过程

3 月 27 日，英军普赖德哈姆·威派尔海军中将率领 4 艘巡洋舰及数艘驱逐舰由希腊海域向克里特岛南部航行。同一天，康宁汉上将率领航空母舰可畏号、战列舰巴汉号、英勇号及厌战号从亚历山卓港出发会合巡洋舰队。3 月 28 日早上 7 时 55 分，意大利巡洋舰特伦托号发现威派尔的巡洋舰队，并且开火射击，但没有取得任何战果。之后康宁汉的舰队正尝试同威尔金的舰队会合，同时航空母舰可畏号上的鱼雷轰炸机也已出击，向维托里奥·维内托号发动攻击。当天下午 3 时 9 分，英军的鱼雷攻击机从 1000 米以外击中意大利维托里奥·维内托号，致使该舰不得不返航修理。紧接着英军的第 3 次攻击由从可畏号上起飞的 6 架鳍鲔式及 4 架剑鱼式鱼雷轰炸机发动，这次攻击重创了意大利，不过由于通信问题，英军并没有全歼意大利舰队，从而使意大利舰队退回至塔兰托港。

意大利巡洋舰向英军发射

康宁汉的舰队在晚上 10 时后在雷达上发现了意大利军舰，而意大利军舰由于没有雷达，无法发现英军舰艇，也就预料不到在晚上会与敌舰相遇，因此其主炮没有装备炮弹，战列舰巴汉号、勇敢号及厌战号在只有 3500 米的距离向意舰开火，3 分钟后，2 艘意军重巡洋舰苏拿号及波河号就被击沉。

意大利侦察机从战舰起飞

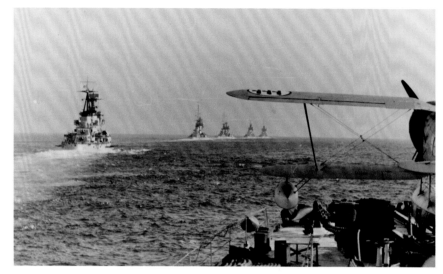

意大利战舰编队

晚上 11 时许，意战列舰发现英巡洋舰并开炮。在意舰的夹击下，英巡洋舰多处中弹，不得已撤离战场。而英军的可畏号航空母舰则频繁出动舰载轰炸机和鱼雷攻击机对意大利舰群展开攻击，打得意大利舰队难以招架，最终意大利战舰只好在没有空中掩护的情况下向北逃窜。

由于英航空母舰的攻击机意外地将意大利巡洋舰波拉号炸成重伤，因此意海军被迫命令两艘巡洋舰和两艘驱逐舰前去救援。夜色中，英战列舰、巡洋舰与意巡洋舰、驱逐舰在距马塔潘角西南 100 海里的海面上再次展开了炮战。由于英战列舰上装有雷达，能准确地引导火炮射击。而意大利军则没有雷达，只能盲目还击，所以仅 3 分钟的炮战，意舰队就有 2 艘重巡洋舰中弹起火，并很快沉入了海底，紧接着，又有 2 艘驱逐舰也被英战列舰击沉。最后，英国驱逐舰蜂拥而上，密集炮火将已受到重创的意巡洋舰波拉号送进了海底，只有意战列舰维托里奥·维内托号侥幸逃脱。

3. 战役影响

此役，意舰总共有 5 艘被击沉，1 艘遭重创；而英方损失飞机 1 架，海上战舰基本上没有受损。意大利海军力量严重受损，这有利于英军在北非的作战行动，同时也是后来德军在北非战场上溃败的主要原因之一。而英国海军取胜除了舰队航空兵再次发挥了突击威力以外，舰载雷达的作用也逐渐凸显，这也是后期战舰必备舰载雷达的主要原因。

为什么"闪电战"在二战初期能够取得那么大的效果,而在战争后期却没有效果呢

闪电战又称闪击战,是指采用移动力量迅速地出其不意地进攻,以避免敌人组织起防御线。它脱胎于 19 世纪普鲁士参谋部的战术"开火渗透"。德意志国防军在二战中大规模运用此战术,对波兰、法国和苏联的入侵非常有效,但在入侵苏联后期就失去优势,最终导致德军在二战战场上的全面溃败。而"闪电战"一词并非德国人的称呼,而是德军在法国战役结束后,美国时代杂志提出的新名词。

德军机械化部队

1. 战法起源

实际上闪电战的起源最早可以追溯到英国人富勒在二战之前提出的关于机械化战争的理论。由于装甲车辆的出现,以及内燃机广泛运用于战争,导致陆战产生了根本性变革,军队的运输能力、行军速度、防护能力和突击能力达到了前所未有的水平。所以军事指挥、战略战术也必将随之发生变化。富勒提出组建以坦克为核心的、由职业人员组成的、小型精干的机械化装甲部队,集中了灵活机动、防护力强、火力猛烈的特点。富勒的机械化战争理论可视为闪电战战术的理论雏形。

德军坦克部队开进

　　20世纪30年代，纳粹德国的古德里安和苏联的图哈切夫斯基等人不约而同地进一步发展了机械化战争理论，提出了装甲部队必须独立编成，并集中运用的原则，而不是分散配属给步兵部队。这期间，纳粹德国和苏联开始出现较大规模的机械化作战编制，两国普遍装备了坦克和各种装甲战车，并且在作战构想中开始运用坦克、飞机、步兵和炮兵的协同作用以达到快速制胜的目的。

波兰士兵使用反坦克炮

最先将这一战术理论应用于实战的是 1939 年德国入侵波兰的战役。此役德国充分运用其在航空兵、装甲兵方面的优势，快速突破波兰部队的防御后纵深迂回到波兰防线的后方，分割包围了大批波兰部队。合围中的波兰军队不仅丧失了补给线和通信交通设施，而且由于战线后方被占领，失去了退却到国土纵深休整补充的能力，因而大批波兰士兵被德军俘虏。仅仅 28 天后，波兰首都华沙被攻克，36 天后，波兰有组织的抵抗也没有了。

德军军机可以看到波兰军队的战壕

德军战机起飞袭击波兰

可以说波兰战役已被视为闪电战的开山之作，其后德国入侵挪威和比利时、荷兰、法国都采用了类似的战术，借此避开了马其诺防线，即大规模集中运用坦克和机械化部队、与航空兵和空降兵高度协同、实施突然攻击、快速突破、纵深迂回包抄，从而在精神上瓦解对方的战斗意志，这种作战形式被称为"闪电战"。1941年德国入侵苏联时也采用了这种战术，并在战争初期取得了很大战果。

2. 战法缺点

虽然闪电战取得了巨大的胜利，但是其缺点也极其明显，也正是这些缺点，导致了德军的全面溃败。它的缺点主要有两个：第一，随着装甲机械化兵团的快速突击和推进，不可避免地使补给线被拉长和兵力被分散。这必将造成军队战斗力在战争后期急剧下降；第二，就是如果对方拥有宽广的战略纵深，有足够的空间和时间吸收、消化闪电战的进攻动能，闪电战的效果将大打折扣。所以在二战苏德战争的中后期，苏联的广袤领土和城市攻坚战都是对德国闪电战缺点的无限放大，最终德军精锐部队在这里被消耗殆尽。

空中俯瞰德国空军攻击波兰阵地

3. 战法影响

闪电战虽然在二战后没有在大规模战争中出现，但是在现代局部战争中仍处处可见其影子。尤其是其在信息化战争中表现更为突出，作为空中力量的机动力、火力、防护力，已经远远超出二战时地面的装甲集团，使地面防御力量几无还手之力，如"沙漠风暴"行动就可以看作是一次空中闪电战，利用空中力量打击地面部队，并造成敌军后勤的全面瘫痪，这样的军事战法甚至可以对整个战争的走向起到决定性作用。

▶▶▶ 为什么说西西里岛战役是现代两栖作战的开山之作

西西里岛登陆行动代号"哈士奇"，它是二战中最大规模的登陆行动，它的成功也为日后的"诺曼底"登陆提供了诸多可以借鉴的经验。此次行动达到了盟军的战略目的，消灭了意大利主要的空中及海上力量，也让控制地中海的意大利首相贝尼托·墨索里尼下台，同时也揭开了解放意大利的序幕。

1. 战役背景

西西里岛与意大利本土只相隔一条狭长的墨西拿海峡，整座岛易守难攻。盟军在登陆之前，实施了代号为"肉馅"的欺敌计划。以一具假尸体和一些假文件欺骗了德军，使其对于登陆的地点作了错误的判断，但德南线总司令凯塞林元帅依然意识到盟军很有可能进攻西西里岛，所以增派兵力前去驻守。1943 年初，盟军决定先利用北非的军队进攻意大利西西里岛，以消灭轴心国在岛上的海空力量。

此役艾森豪威尔将军担任总指挥，哈罗德·亚历山大将军负责整个登陆行动，整支登陆部队被编成第 15 集团军，包括伯纳德·劳·蒙哥马利将军指挥的英国第 8 军团、乔治·巴顿将军指挥的美国第 7 军团及其他部队。

2. 战役过程

1943 年 7 月 9 日，盟军舰队在马耳他岛东西两侧集结，在恶劣的天气条件下，于 10 日凌晨 2 时 40 分，美军第 82 空降师和英第 1 空降师飞向西西里岛。同时，巴顿和蒙哥马利指挥的 16 万美英登陆大军在 1000 多架飞机的掩护下，在西西里岛的西南部和东南部登陆。在当天中午时分，巴顿和蒙哥马利的部队顺利地登上了各自的目标滩头，并保持着攻击态势。

在登陆战之前，舰队在海面释放烟幕弹作为掩护

　　1943 年 7 月 11 日，西西里岛守军在意军古佐尼中将的指挥下开始反击。德第 15 装甲师从岛上西部调到了东岸，以阻止蒙哥马利的英第 8 集团军向北面的奥古斯塔移动；德军戈林装甲步兵师和意大利的 2 个摩托化步兵师则向巴顿的美第 7 集团军发起反击。德空军出动了 481 架飞机频频轰炸盟军滩头部队，盟军飞机前来拦截，结果引起一场混战，盟军地面的防空武器不分敌我地进行炮击。激烈的战斗持续了一天，德军坦克几乎推进到距美第 7 集团军滩头阵地不足 2 千米处。巴顿亲临前线指挥美军奋力反击，海军也用猛烈的炮火轰击德军坦克。战至傍晚，德军损失大批坦克，被迫撤退。美军趁势攻占杰拉城。 意德军队在反攻失败后，为了拖延时间，牵制盟军进一步行动，德军第 29 装甲师和驻法国的第 1 空降师调往西西里岛。在加强兵力的同时，德意部队加紧调动，以阻止英第 8 集团军威胁墨西拿。同时其他部队也赶来支援，德意部队构筑了从恩纳到卡塔尼亚的坚固防线。

英国陆军第 78 师士兵正在等待进入西西里岛的命令

　　1943 年 7 月 13 日，蒙哥马利手下的第 13 军突击卡塔尼亚，盟军 145 架飞机载着英第 1 空降旅 1900 名士兵从突尼斯出发在卡塔尼亚空降，配合地面部队联合进攻。德军以德戈林装甲师和第 1 空降师进行顽强抵抗，控制了卡塔尼亚通向墨西拿的海岸公路。但英军统帅蒙哥马利在正面进攻受挫，被迫调第 30 军绕过埃特纳火山西侧，在美第 7 集团军的支援下进攻墨西拿。美军的巴顿将军则兵分两路，一路支援英军，一路直取西西里首府巴勒莫。

美军舰艇被德军击中

英军使用迫击炮

　　此后多天，英美联军不断与德意军队会战，双方各有得失，最终在 1943 年 8 月 5 日，英第 8 集团军终于攻克卡塔尼亚，开始沿东海岸公路向墨西拿推进。此时，德军开始有计划地撤退，由于盟军没有截断墨西拿海峡，最终 4 万德军和 7 万意军用 6 天 7 夜的时间完成了向意大利本土的撤退。

英军进入被炸毁的街道

3. 战役影响

盟军在西西里岛战役胜利的关键是大量的陆海空军协同作战，在兵力上占据了绝对的优势。同时，在情报战上也做得相当出色，成功欺骗敌军，从而保证登陆地点的绝对保密。但盟军也犯了错误，主要是没有在战役后期阻止德军从墨西哥海峡撤退，否则德意军队损失将更加惨重。此次战役由于第 1 装甲师从库尔斯克会战中撤退，这也成为德军在库尔斯克会战中失败的原因之一。

盟军在此役最大的收获就是其在两栖登陆作战方面的水平有了长足的进步，不仅取得了战役胜利，而且取得了非常宝贵的战略登陆经验，为以后的诺曼底登陆奠定了基础。

为什么在巴巴罗萨战役之后，气候因素是很多战役必须考量的因素之一

"巴巴罗萨"计划是纳粹德国在二战中发起入侵苏联的行动代号。发生于 1941 年 6 月～1942 年 1 月，主要地点涉及苏联及东欧大部分地区，该计划由时任德国陆军总参谋部第 1 军需部长保卢斯起草和指导，1940 年 8 月底制订完毕。

1. 战役背景

由于前期战争损耗过大，纳粹德国决策层认为攻占苏联可以将大量士兵补充到德国工业领域，以弥补当时工业劳工短缺现象，同时还可以在苏联获得大量便宜的食品补给，而一旦击败苏联，将改善纳粹德国在地缘战略上的困境。更为重要的是，纳粹德国当时的战略石油储备不足，急需攻占苏联的巴库产油区，以满足其战争需求。

德国第 11 集团军搭建浮桥

为了让进攻更具突然性，希特勒调遣了 320 万人至德苏边界，并多次派遣侦察飞机潜入苏联领空勘查，同时在东线储备了大量的军事物资。虽然纳粹德国做了如此充分的战争准备，但是苏联方面认为当时与德国签订了和平协议，纳粹德国只有在攻占英国后才会开辟新的战场。同时纳粹德国也释放各种情报烟幕弹，让苏联方面误认为这些调动只是为了防止军事物资被英国轰炸机摧毁。

德军装甲部队开往与苏军作战的战场

2. 战役过程

　　1941 年 6 月 22 日凌晨 3 时 45 分，纳粹德国对苏联展开攻势，320 万地面部队兵分三路直插苏联腹地，同时还有其他轴心国成员的部队参与了战斗。纳粹德国空军号称在侵略开始的第一天就摧毁了 1489 架苏军战机，而自身则只损失了 35 架。事实上，准备不足的苏联空军在最初几天的损失比德军估计的还要惨重，总共有 3922 架飞机在前 3 天被摧毁。

　　德军的攻击速度之快致使苏联红军的防御计划完全瘫痪，而无线电和通信配备的严重缺乏也造成苏联红军难以互相协调作战。虽然纳粹德国的攻势前半年进展得相当顺利，但最后德国仍然没有夺下最终的目标——莫斯科。许多人认为德国犯下最大的错误便是延缓了发起攻击的时间。原本计划的攻击发起日是 5 月 15 日，然而在 4 月时墨索里尼对于阿尔巴尼亚的侵略受阻，希特勒遂决定调派德军加以援助，尽管德军很轻易地便攻克了南斯拉夫和希腊，但这个意外的小插曲却使德军的攻击计划延缓至 6 月 22 日进行，对于苏联原本就相当短暂的夏季来说，长达 5 周的延期无疑让德军进攻的有利时间大幅缩短。

德军在东线战场上被迫使用推车携带辎重

因天气恶劣无法使用的德军装备

在整场战役中，希特勒将原本进攻莫斯科的主力装甲部队改调往南方参与攻占乌克兰的基辅战役，这次战役虽然以德军的胜利告终，但这种调动也延缓了德军进攻莫斯科的时间。当德军开始进攻莫斯科时，秋季大雨造成的泥沼，以及即将到来的冬季酷寒，都成为德军进攻当中最重要的阻碍。再加上苏联红军的顽强抵抗，最终停止了德军的攻势。

在此次战役中，德军的北方集团军在攻克波罗的海国家后继续朝当时的列宁格勒推进，德军在 1941 年 8 月进攻至列宁格勒的南方市郊，但随后便遭到了苏联的顽强抵抗，由于担心直接攻城会造成大量伤亡，德军指挥官决定以围困的方式攻陷这座城市，但在苏联军民的顽强抵抗下，直到 1944 年初德军被击败，这座城市也一直屹立不倒。

德军汽车陷入泥泞的道路中

德军摩托化部队蹚过河水

整个巴巴罗萨作战计划在 11 月莫斯科战役中达到最高潮，尽管负责进攻莫斯科的德军中央集团军由于天气原因造成补给不足，但是仍然被迫发动进攻，德军在 1941 年 12 月初甚至可以看到胜利的苗头，当时德军前锋部队已经推进至莫斯科市郊，甚至可以看到克里姆林宫的螺旋状尖塔。然而这时数十万从西伯利亚前来支援的部队将逼近莫斯科的德军尽数击退，并在接下来的反击战中将战线推回了冬季前的战线。

而此时德军后勤补给出现了严重的问题，缺乏燃料、冬季装备和食物，甚至在寒冷的冬季，连避寒的地方都没有，冬季气候也是造成德军严重减员和作战力下降的重要原因。

苏军飞机准备攻击因为天气原因无法动弹的德军部队

3. 战役结果

这场血腥的战役持续了整整 4 年，因为这场战争而死的人数可能永远无法准确统计出来。据估算苏联军队的总阵亡人数大约为 870 万，而平民的死亡人数则可能高达 2000 万人。德军的阵亡人数可能为 430 万人。但这场战役也成了二战重要的转折点之一。通过这场战役，大大削弱了德军嚣张的进攻势头，同时为盟军反击赢得了时间与空间。

4. 战役总结

在此次战役中，可以说天气成了影响战役胜败的主要原因之一。虽然气候对于战争双方而言都是公平的，但是哪一方应对气候的手段更科学，哪一方就会占据更大的优势。而忽略的一方必然会尝到苦果。据一项军事研究指出，希特勒的计划在严酷的冬季气候来临前便已经失败。这是因为他对于快速胜利的可能性抱有太大的自信心，乃至于他对战争会拖延至冬季根本没有心理准备。在入侵前，德国陆军的军需部门将军爱德华·瓦格纳就声称："我们已经到达人力和物资资源的极限了。我们即将面临寒冬的危险威胁。"

但德军并没有应付严酷的气候和苏联运输网络的恶劣状况的心理准备。在秋季，恶劣的路面状况延缓了德军的进展。而且当时苏联的地面在夏季时是松散的沙地，在秋季时是黏稠的泥泞地，到了冬季地面则会被大雪所覆盖。德军坦克的狭窄轮距使其在泥泞地行动时非常缺乏附着力和漂浮力。相较之下，新的苏联坦克如 T-34 和 KV 系列重坦克的设计都考量了这些问题。同时，德军用于后勤补给的 600 000 匹西欧马无法适应这样的天气，而苏联红军所使用的体形较小的矮种马则更适合当地的气候条件。

因为不适应天气而"趴窝"的德军坦克

躲在战壕中取暖的德军士兵

同时，德军虽然储备了足够的冬季装备，但由于交通运输能力的限制，却不能及时将这些装备完全发放至前线。结果导致军队无法获得适当的冬季装束，有些士兵还将报纸塞进夹克来保暖，而当时的气温却已经低达零下 30 摄氏度。为了运作暖炉和暖气，德军士兵不得不将已经非常缺乏的汽油用来当作燃料。而苏联士兵却配备了温暖而加衬的大衣、有衬底的军靴，以及覆盖毛皮的帽子。

同时，一些德军武器装备也无法在这些极端天气情况下正常运作。比如普通的润滑油在极低温下就无法发挥效用，导致坦克和卡车引擎故障以及机枪等自动射击武器无法正常开火。为了将炮弹装填进坦克的主炮里，当时的德军坦克兵甚至需要用小刀刮下黏附于炮管内结冻了的润滑油。而苏联军队则较少遇到这些问题，因为他们的装备与训练都能适应这种寒冬的天气条件。

实际上，巴巴罗萨作战从一开始便不切实际。战争开始于干燥的夏季，是最适宜德军行动的季节，德军在最初数周里突袭并歼灭了大量的苏联军队。但当理想的季节过去、严酷的秋季和冬季来临时，加上德军的一系列指挥失误，让苏联军队实力得到恢复，使得之后的德军在经历漫长的战斗后却无法取得足够的补给，从而导致了德军最终的失败。

这种困难甚至在战争之前便已经被德国的后勤单位所察觉，但他们提出的警告却被德军指挥部所忽视。虽然天气原因一直是所有军事指挥员必须考量的战争因素，但是在战争中所占的比例却各不相同，而在巴巴罗萨战役之后，让各国不得不重新考量天气在军事作战中的巨大影响，因为当时德军基本上可以横扫整个欧洲，但是在寒冷的天气面前，军事优势便会荡然无存，而天气造成的后勤补给困难及其他原因对士兵的士气影响也很大。

▶▶▶▶ 为什么说库尔斯克战役是历史上最大的一次坦克大战

库尔斯克会战（Battle of Kursk），是二战期间苏德战场的决定性战役之一，是二战中最大的坦克会战，同时也是二战中最大规模的一场对攻战役。在库尔斯克爆发的一场会战，德军与苏联红军共出动了近 8000 辆坦克。参战双方共投入了约 280万名士兵，空军部队参战飞机超过了 5000 架，这也创下两个纪录——史上规模最大的坦克会战和最大规模的单日空战。

库尔斯克会战也是德军最后一次对苏联发动的战略性大规模进攻，意图通过给苏军造成大量伤亡从而全面夺回战略主动权，但因希特勒的阻挠致使对苏军发动进攻的时间不断延后，而且苏军事先已获取德军要进攻的情报并已建立三道纵深梯次防御线。

1. 战役背景

1943 年 1 月，苏军在斯大林格勒战役中取得了决定性胜利后，红军乘胜发动大规模的进攻战役：沃罗涅日—哈尔科夫进攻战役、北高加索进攻战役、克拉斯诺达尔进攻战役、大卢基进攻战役。虽然此时德军已经有溃败的迹象，但是德国南方集团军群司令曼施坦因元帅并没有放弃，他也开始实施一系列的反扑计划。德军主动放弃了一些重要据点，诱使苏军深入，同时德军开始了兵力的集结。2 月19 日，在得到了从法国抽调来的五个满编的装甲师后，曼施坦因指挥新组建的南方集团军向顿涅茨河和第聂伯河之间的苏联西南方面军发起反击，这次反击造成的一个后果就是以库尔斯克为中心的突出部的形成。在其北部，有德国中央集团军群，在其南面，曼施坦因的德国南方集团军群重新夺取了别尔哥罗德地区。在突出部内的是苏联中央方面军和沃罗涅日方面军。德苏双方在此形成对峙，一场规模宏大的战役即将展开。

德军"豹"式坦克驶向战场

2. 战役过程

这场战役虽然势在必行，但是却又有些出乎意料。主要是当时苏军近卫第 6 集团军捕获了德军第 168 步兵师的一个士兵，他供认德军即将在第二天开始进攻，而当日凌晨，在突出部北部的苏第 13 集团军俘虏了德军第 6 步兵师的一个中士也供认德军将在几小时之后发动进攻。为了打乱德军进攻步骤，朱可夫元帅率先下达了向德军阵地实施炮火攻击的命令，库尔斯克会战的序幕由此拉开。

苏军的炮击轰炸完全出乎德军的意料，并因此造成德军坦克装备和人员的大量伤亡。虽然比原计划推迟了 3 个小时，但德国南方集团军群仍按计划发起了进攻。在损失 36 辆坦克后，德军艰难地越过了苏军的反坦克雷区，猛攻苏联第 67 近卫步兵师的防线，面对德军 3 个师的进攻，苏第 67 近卫步兵师难以抵挡被迫后退，最后德军于 6 日在苏军第二道防线上打开了一道缺口，并强渡了佩纳河。

由于德军的猛烈进攻，苏军不得已转为战略防御，将部分坦克布置在侧翼打击德军。这一天，德国空军出击了超过 1000 架次，完全压制住了苏联空军。经过一天激战，双方都遭受了很大损失。

使用反坦克步枪的苏军士兵

德军的火炮群

苏军伊尔战斗机攻击地面

后期苏军将第 5 近卫集团军的第 2 和第 10 坦克军共 353 辆坦克调往沃罗涅日方面军以阻止德军在库尔斯克突出部南部的别尔哥罗德方向的突破。在 7 日的战斗中，德军只向前推进了数千米，没有突破苏军防线。

7 月 9 日是库尔斯克会战关键的一天，苏军部队在正面抵挡德军向奥博扬推进，同时在两翼连续发动反击，虽然这些反击一次又一次地遭到失败，但却使德军无法全力以赴地攻击他们的主要目标。当时，德国国防军第 4 装甲集团军司令霍斯将军见无法从正面突破奥博扬，便决定先从右翼突破，他命令第 2 党卫装甲军转向东北的普罗霍罗夫卡村庄。接下来的两天，德军的进攻比较顺利，他们攻到了普罗霍罗夫卡村庄，但在随后库尔斯克会战的高潮——普罗霍罗夫卡坦克大战便上演了。

这场坦克大战苏德双方共有 1200 余辆坦克和自行火炮在普罗霍罗夫卡激战，普罗霍罗夫卡坦克大战也因此被认为是人类战争史上最大规模的坦克战,并闻名于世，成为一个传奇。不过随着后来的一些资料解密，军事研究者发现这次坦克大战的规模要比原先认为的要小，双方直接参战的坦克和自行火炮约 600 辆。其中德军不到 200 辆，苏军约 400 辆。但是，即便是修正过的数据，此次会战也是人类战争史上首次大规模的坦克会战，其军事意义和学术意义都非常大。

这场坦克大战中德军虽然损失不大，但是他们却没能守住普罗霍罗夫卡村庄，而随后源源不断赶到的苏军援兵将防线变得更加坚固，而且苏军的大部分受损坦克也得以修复。

除了此次的坦克大战以外，库尔斯克战役还有其他多场战斗发生，苏军抵挡住了德军的大规模反扑，并最终取得了此次战役的胜利。

3. 战役影响

库尔斯克会战中，德军损失兵力 25 万，损失坦克约 1500 辆，损失飞机 1000 架。苏联红军损失兵力 80 万，损失坦克 6000 辆，损失火炮 5244 门，损失飞机 1700 架。当时的库尔斯克战场遗留下了数以百计烧焦的坦克和飞机的残骸，以及无数的尸体，可见此次战役的惨烈程度。

库尔斯克会战对德军的士气打击相当沉重，在此之前，纳粹德国从来没有在战术突击范围内失败过，而此次所有的失败都是在离出发地 200 千米之外发生的，并且大多在寒冷的冬季。库尔斯克会战彻底结束了"苏军冬季进攻，德军夏季进攻"的思维定式。此役德军伤亡 20 余万，被击毁坦克和自行火炮过千辆，新式德军坦克和自行火炮尽管大规模参战，但并没有对战局起到决定性的作用，而且德军精锐装甲部队遭到了沉重的打击。

此次战役之后，苏联红军发动了一连串攻势，歼灭了德军大批有生力量且将其赶出苏联领土，从此德军再也无法对苏联红军产生致命威胁，苏军完全掌握了苏德战场的主动权。

库尔斯克会战的失利使纳粹德国永久性地丧失了战场主动权，此后德军再也没有在欧洲东线发起有威胁的攻势，而苏军也开始了大规模反击。

库尔斯克战役结束后，欧洲东线的战局演变成了苏联红军的战略性进攻，其不仅收复了所有失地，而且解放了整个东欧，最终一路攻入德国，赢得了最后的战争胜利。

▶▶▶ 1941 年，第二次阿拉曼战役隆美尔是如何落败的

第二次阿拉曼战役是二战中德国埃尔温·隆美尔所指挥的非洲装甲军团与英国伯纳德·蒙哥马利将军统领之英联邦军队在埃及阿拉曼进行的战役。这场战争以英国为首的盟军的胜利而告终。这场战役也是号称"沙漠之狐"的隆美尔最为惨重的失败，同时也是同盟国吹响战略反攻号角的重要标志性事件之一。

1. 战役背景

1942 年 7 月,德国将意大利与德国的步兵与机械化部队等单位组成非洲装甲军团,在埃尔温·隆美尔将军的率领下深入埃及,直接威胁到了英联邦军队重要的苏伊士运河补给线。但是,由于德军的补给线拉得太长而且缺乏支援,所以在盟军的大批援军即将到来的情况下,隆美尔决定向盟军发起进攻,此时他的部队并没有完全集结完毕。而蒙哥马利指挥着 20 万人和 1000 辆坦克打算去攻击非洲军团的 10 万人和 500 辆坦克。

英军重炮群在夜间准备开炮

在战役发生几个月前,英联邦军队使用了欺骗战术,目的是使轴心国在开战时措手不及。他们不仅在战斗地点上欺骗了敌人,并且还让他们获得了错误的发起时间。

这次欺骗行动的代号为"柏特来姆行动"。盟军在北部倾倒了一些废弃物品并将它们伪装起来，使它们看起来像弹药库和粮仓。轴心国部队虽然发现了它们，但是在此之后盟军并没有发起大规模攻击，而且那些伪装物的位置也没有改变，因此轴心国部队认为这些只是假象。但是盟军其实利用夜间早已将这些伪装物换成了真正的弹药、油罐和粮仓，而且就大大方方地将这些军用物资放在敌人眼皮子下面。

英军坦克与步兵在行进

与此同时，盟军还开始建造一条假的输油管道，诱使轴心国部队认为战役将会在盟军计划的开始时间以后开始，而地点会在南方。为了更进一步地迷惑敌人，盟军在南方用胶合板覆盖吉普车，使之看起来像坦克，而北方的坦克也被盖上了胶合板，看起来就像运输队。当这些信息反馈给德军指挥部之后，让隆美尔作出了错误的军事判断。

战役发起前，隆美尔布设了50多万颗地雷，它们主要由反坦克地雷组成，还混有人员杀伤雷。隆美尔的部队包括2个德军装甲师和1个德军摩托化步兵师，还有1支同样规模的意大利部队。由于盟军的欺骗战术迷惑了轴心国部队，使他们不清楚同盟国部队会在哪一点发起攻击，因此隆美尔在整个前线都部署了军队。这就延长了他们集中兵力抵抗英联邦进攻的时间，并且这样也会消耗大量油料。

英军统帅蒙哥马利视察前沿阵地

2. 战役过程

阿拉曼战役一般被分为 5 个阶段，包括闯入阶段（10 月 23 ～ 24 日），分散阶段（10 月 24 ～ 25 日），反击阶段（10 月 26 ～ 28 日），增压行动阶段（11 月 1 ～ 2 日）和突破阶段（11 月 3 ～ 7 日）。但是在 10 月 29 ～ 30 日的僵持状态并没有被命名。

盟军坦克群驶过雷区

　　第 1 阶段是以 882 门炮连续进行五个半小时的炮击拉开了序幕，在炮击结束后每门炮都已经发射了大约 600 发炮弹。在那段时间里，据估计约有 125 吨炮弹落到了敌军阵地上。此时首先出击的是步兵，他们不会触发反坦克地雷，在步兵向前推进的同时，工兵会为随后的装甲部队开辟一条安全通道。这条通道会有 24 英尺宽，刚好能让坦克以一路纵队前进。这是一项艰巨的任务，而且由于轴心国雷区的面积很大，这项任务实际上以失败告终。

英国皇家空军轰炸德军阵地

　　第 2 阶段开始的时候，德军指挥官隆美尔已经返回德国休假，而代理指挥德军的格奥尔格·施登姆将军却因心脏病突发去世，当时暂时接替指挥的是里特·冯·托马将军。也正是这些变故，使德军的指挥体系一团糟，完全无法应对盟军的进攻。

在战争开始的时候，双方共投入了100多辆坦克，不过到了晚上共有半数坦克被击毁，但双方仍在僵持。

进入第3阶段的时候，德军统帅隆美尔回到了北非，他在到达后立即开始评估战役形势。他发现意军损失惨重，而且其他大部分部队在经过了高强度的战斗后，后勤补给极度短缺，士气也不足。当时整个轴心国部队剩余的油料储备仅够用3天。

而令德军失望的是，英国皇家空军还在海上击沉了德军的补给油船，这也成为压垮了隆美尔的最后一根稻草。

在进入最后一个阶段后，盟军的主要目标为消灭敌军装甲部队，迫使敌人在开阔地上作战，这也是战役自开始以来最紧张、最血腥的阶段。这次进攻以空军连续7小时对泰尔阿尔·阿恰齐尔和希迪阿巴德阿尔·拉赫曼的轰炸拉开了序幕，在此之后是360门炮连续四个半小时的炮轰，它们一共打出了15 000发炮弹。之后就是阿拉曼战役中规模最大、最关键，也是最后的一场坦克大战——阿恰齐尔山脊之战。这场战斗持续了一整天。

盟军士兵围观被摧毁的德军坦克

　　这次坦克大战尽管双方损失了大约同样多的坦克，但是这个数量对于英军来说只是一小部分，对于隆美尔来说则几乎是全军覆没。因为战前双方坦克数量比为2：1。也就是说此役隆美尔的坦克军团基本上全军覆灭。

隆美尔与部下商谈撤退事宜

3. 谢尔曼坦克的胜利

　　在阿拉曼战役中，盟军的谢尔曼坦克的威力得到了充分体现，它采用 75 毫米短管低初速火炮，这种火炮的火力在对付敌军步兵的时候表现优异，也可以穿透薄装甲，而且谢尔曼坦克在车体和炮塔上都安装有机枪，在炮塔舱口还为坦克指挥官安装了一挺可以自由转动的机枪，这对敌军步兵来说是极其可怕的，但对友军来说该型坦克却是一个良好的步兵支援武器。

　　在防护方面，谢尔曼坦克正面和侧面装甲厚度为 50 毫米，这足以防御轻武器和轻型火炮对坦克的攻击，虽然这款坦克面对德军的重型坦克来说显得有些脆弱，但是它的机械性能非常优异，既可靠又易于维修，它可以随时投入战场，而且后勤补给压力小。谢尔曼坦克的良好机械性能也说明一个好坦克的价值是在战场上而非藏在某处远离战场的仓库，如果不能在关键时刻投入战场，那么即使它的性能再优越也无济于事。这一错误一再被德军战地指挥官所犯，他们经常不能及时将其虎式和虎王坦克投入关键性战役之中。

谢尔曼坦克群

谢尔曼坦克

4. 战役影响

第二次阿拉曼战役是二战中北非战场的转折点。此役德军阵亡 6000 人，意军阵亡 4000 人，英军阵亡 7000 人。这场战役从 1942 年 10 月 23 日持续到 1942 年 11 月 3 日。这也是英军统帅蒙哥马利将军最为成功的一次战役，而这次战役的胜利扭转了盟军在北非战场的形势。盟军在阿拉曼的胜利使纳粹德国占领埃及、控制苏伊士运河和中东油田的希望破灭，同时也使得轴心国被迫转入战略撤退。

盟军士兵跨过沙漠障碍

为什么说突尼斯战役彻底改变了盟军在北非战场的被动局面

突尼斯战役的持续时间为 1943 年 3 月 17 日～ 5 月 13 日，此次战役的目的是击溃德意非洲集团军群，攻占突尼斯这一战略要地，把纳粹势力彻底赶出北非。战役开始阶段德意军队还稍占上风，但是由于后勤补给与人员数量的不足，最终以轴心国失败而告终。此役超过 23 万德国和意大利士兵成为战俘，而且其中大部分属于德国非洲军，这次失败沉痛地打击了纳粹德国，使其整体战斗力再次下降。

1. 战役背景

在利比亚西面的突尼斯拥有易守难攻的地理环境，它的地域略呈矩状，北部和东部有地中海作天然国界，西部边境贯穿横跨西非的阿特拉斯山脉，并与阿尔及利亚接壤。突尼斯西部边界只有寥寥数个可供通行的关隘，是一个易守难攻的军事重地。

此外，突尼斯拥有突尼斯和比塞大两个深水港口，两处深港距离意大利在西西里岛的供应基地只有几百英里。补给船队可以隔夜往返突尼斯。而意大利往返利比亚的航程则需时一日，在白天则会受到同盟国飞机的袭击，所以突尼斯对于北非的德意军队来说非常重要，一旦丢失，整个军队就会陷入绝境。

德军坦克部队

英军士兵在烟雾掩护下登上山坡

美军登陆海滩

美军步兵编队前行

1942 年，英国皇家海军在和意大利海军的地中海争夺战中取得了一定的优势，同时还可以从美国获得大量的供应，因此后勤供应变得非常有利于蒙哥马利的第 8 军团，在此种局势下，同盟国最终获得了压倒性的优势。

防守突尼斯的非洲集团军群包括德坦克第 5 集团军和意第 1 集团军，共 17 个师和 2 个旅。其各兵团在以前的战斗中，兵员和技术装备损失惨重。由于英美空军完全掌握了制空权，并且英美海军完全控制了地中海，德意军队在补给和补充人员方面困难重重。该集团军群仅得到少量飞机的支援。此外，意大利海军驱逐舰和潜水艇，以及德国潜水艇前来支援。德意军队占据"马雷特"筑垒线既役阵地，固守非洲的最后一个登陆场。

而此时的英国第 18 集团军群，下辖英第 1、第 8 集团军和美第 2 军，共 18 个师和 2 个旅，盟国空军 3241 架作战飞机和地中海海军近百艘作战舰艇，与德军对比优势明显：步兵数量多 1 倍、火炮数量多 2 倍、坦克数量多 3 倍。

英军十字军坦克

美军第一装甲师的谢尔曼坦克

　　而盟军发动突尼斯战役的目标是：英第 8 集团军在滨海方向上沿马雷特—加贝斯公路实施主要突击，并协同美第 2 军，歼灭意第 1 集团军的基本兵力；随后全部盟军向突尼斯市发起进攻。美第 2 军向米克纳西和加贝斯湾方向实施辅助突击，插向意第 1 集团军后方并断其退路。而当时德国和意大利军队在斯大林格勒城下被歼，和苏联红军在几乎整个苏德战场展开冬季攻势所形成的军事政治总形势，以及盟国在兵力上所占之巨大优势，为迅速歼灭突尼斯之敌和结束整个北非战局创造了极为有利的条件。并且，在战役发起前，盟军海空军已完全封锁突尼斯与意大利之间的海空运输线。

2. 战役过程

　　4 月 19 ～ 20 日，英第 8 集团军发起进攻。22 日，英第 1 集团军和美第 2 军开始进攻，不过遭到顽强抵抗，因此未能占领朗斯托普峰和 609 高地，仅美第 2 军左翼第 9 师有所进展。4 月 23 ～ 26 日，英军经反复争夺最终占领朗斯托普峰；美第 2 军屡攻 609 高地不克。4 月 30 日，盟军以 2 个师加强英第 1 集团军。同日，美军攻占 609 高地，第 9 师进抵海岸，绕至德意军侧后。

英军坦克押解大批意大利俘虏

　　1943年5月6日，盟军经炮火准备后再次发起攻击。德意军退至邦角（今提卜角），企图从海路撤出北非。7日，美第9师占领比塞大。英第1集团军占领首府突尼斯，其左翼于8日占领普罗维尔，与美军会合。其右翼于11日占领整个邦角半岛。德意军因盟国海空军严密封锁，未能撤往意大利。1943年5月13日，阿尼姆率德意军余部投降。此役，盟军全歼北非残敌，俘虏25万人。北非战局至此结束。

德军依靠空中力量运输增援部队

3. 战役意义

　　经过突尼斯战役，德意"非洲"集团军群被歼。该集团军群在突尼斯损失30多万人，其中被俘约24万人（包括德军12.5万人）。盟国攻占了地中海的整个北非沿岸，从而保障了地中海交通线的安全，并为进攻西西里岛和亚平宁半岛创造了有利条件。英美军队也在突尼斯获得了实施大规模进攻战役突破敌预先防御阵地的经验。而在这次战役中，也开启了利用空军对地支援陆军的进攻的全新战争模式，而制空权在战争中的作用也逐渐引起人们的重视。

>>> 拉普拉塔河口海战虽然不出名，但是为什么对二战的进程产生了很大的影响

拉普拉塔河口海战是发生于二战中的一次海上战斗。德国海军的格拉夫·斯佩号重巡洋舰于当年 9 月开始在南大西洋及印度洋进行破交战，攻击盟国商船，并吸引了大量盟军军舰。在此次海战中，格拉夫·斯佩号在阿根廷及乌拉圭外海的拉普拉塔河河口海域遭遇 3 艘盟军巡洋舰——皇家海军的埃克塞特号、阿贾克斯号及新西兰海军的阿基里斯号的拦截。在随后的战斗中，埃克塞特号遭到重创，其余 2 艘轻巡洋舰均受到损伤。但是由于格拉夫·斯佩号判断失误前往了蒙得维的亚港进行补给，英军便趁此机会利用欺诈和政治手段迫使德军将军舰凿沉。

英军作战舰队

1. 战役背景

二战前，德国海军命令格拉夫·斯佩号前往大西洋，以防在开战后英国封锁德国北海及波罗的海的出口。在 1939 年 9 月，战争开始后，舰长汉斯·朗斯道夫上校指挥格拉夫·斯佩号活动于中南大西洋海域，袭击盟国的商船。11 月间，格拉夫·斯

佩号进入马达加斯加以南海域，短暂逗留后又返回大西洋。在 3 个月的巡航中，朗斯道夫指挥他的军舰击沉了盟国 50 000 吨的商船，包括数艘油轮，对盟国的海上运输线构成很大的威胁。

1939 年 12 月，皇家海军在南大西洋集结了大量军舰，对格拉夫•斯佩号进行大规模的搜索。皇家方舟号航空母舰和声望号战列巡洋舰在弗里敦，2 艘法国重巡洋舰和竞技神号航空母舰在达喀尔，还有 2 艘重巡洋舰在好望角参加搜索行动。此外，海军准将亨利•哈伍德指挥 G 舰队，即南美巡洋舰中队，驻扎在福克兰群岛。该舰队包括坎伯兰号、埃克塞特号重巡洋舰及阿贾克斯号、新西兰海军的阿基里斯号轻巡洋舰，旗舰为阿贾克斯号。由于坎伯兰号在风暴中受损，所以当海军部命令哈伍德出击时，他的舰队仅有 3 艘巡洋舰同德国人对抗。

2. 战役过程

12 月 13 日晨 6 时 14 分，交战双方均发现对方。德国海军错误地判断英军兵力为 1 艘轻巡洋舰及 2 艘驱逐舰，所以德军指挥官据此认为他面对的是一支护航运输队，于是非但没有转向规避，反而命令部下加速追击。这时德军出现了一个极其严重的误判，因为格拉夫•斯佩号的 6 门主炮射程近 30 000 码，而埃克塞特号的 8 英寸主炮射程仅为 19 900 码。如果朗斯道夫采取正确的战术，转向撤退的话，英军即便追上也要经历一个射程危险区，但是德军却放弃了这一优势。

双方作战假想图

　　此时英军战舰立即下达作战命令，埃克塞特号转向西北，阿基里斯号和阿贾克斯号保持东北航向，夹击格拉夫·斯佩号。交战一分钟后，一枚穿甲弹命中埃克塞特号，摧毁了其二号炮塔，大部分舰上人员被弹片击中阵亡。此役，双方战舰均损失惨重。至 7 时 40 分，由于己方军舰均受到损伤，英军指挥官决定放弃追击，转而跟踪德舰，准备在夜间用鱼雷攻击。格拉夫·斯佩号也急需燃油补给，因此驶向乌拉圭首都蒙得维的亚，以修补损伤及补给燃料。

格拉夫·斯佩号爆炸近景

　　由于格拉夫·斯佩号急需补充燃油及弹药，短时间内无法出海作战，因此德国驻乌拉圭领事馆立刻开展外交活动，请求乌拉圭政府允许德国人停留在港内以修理损伤，等待补给。亲英的乌拉圭政府官员援引海牙公约第二条，拒绝了该请求，并要求格拉夫·斯佩号立即出海。英国人同时也虚张声势，声称皇家方舟号航空母舰、声望号战列巡洋舰及 3 艘巡洋舰均已抵达蒙得维的亚外海，实则只有坎伯兰号前来支援。德军将领相信了英国子虚乌有的假情报，并向柏林方面通报了这些未经证实的情报。鉴于弹药燃油严重缺乏，最后德国人决定凿沉军舰，避免落入英国人的手中。

　　1939 年 12 月 17 日，在绝望的情况下，朗斯道夫命令将大部分舰员遣送上岸。12 月 18 日晨 6 时，格拉夫·斯佩号离港，在行驶 3 海里后关闭主机。8 时 44 分，朗斯道夫命令起爆，格拉夫·斯佩号发生剧烈爆炸，舰体大量进水，随后断裂，触底沉没。

格拉夫·斯佩号发生爆炸

3. 战役影响

此次战役让德国统帅部对于德军海军水面舰艇的表现十分不满，进而使德军在战争期间并没有大力发展水上舰艇，而将更多的精力集中在潜艇制造上，这也为其日后失去制海权埋下了伏笔。而且当时水面舰艇正处于改革创新阶段，传统的战列舰已经无法满足当时的海战需求，而像航空母舰这样具有制海制空权的水面舰艇正在大行其道。而德国人此时还在纠结如何使用潜艇打赢海面战争，这样的战略方针直接导致德军丧失了对地中海及大西洋的控制权。而对于皇家海军来说，这次海战是一次重大的精神胜利，同时也显著增强了温斯顿·丘吉尔在国内的威望，为其日后的施政奠定了基础。

格拉夫·斯佩号正在下沉，只剩下舰炮露在海面上

>>> 大西洋战役中，猖狂一时的德国潜艇最终为何覆灭

  大西洋战役是二战期间英美同德国在大西洋战区所进行的破坏和保卫交通线的持久作战。这场作战从 1939 年打到了 1945 年，持续了 4 年零 8 个月。双方斗争的焦点，是夺取制海权和确保海上交通线畅通。主要作战方式为潜艇战、空袭战和封锁战。

  大西洋交通线对英美两国具有生死攸关的意义。没有大量的海上运输，英美就不能在欧洲战区进行长期的战争，所以他们在军事计划中把夺取大西洋战区的制海权作为主要的任务之一。对德国来说，尤其是进犯苏联以后，大西洋已成为一个次要的战区，他们不可能向那里投入大量的兵力和武器。德国在大西洋战区的主要目的，是破坏（切断）同盟国的海洋运输路线以摧毁英美两国的经济。为此，德国使用了潜艇以及一部分飞机和水面舰艇。但是，德国当时一心追求消灭尽可能多的敌方运输船只，而不考虑船上所运物资的性质，因此，德国的兵力主要在同盟国防守薄弱的交通线上进行活动，而那些非常重要而又防守严密的交通线却安然无恙。

横跨大西洋开往卡萨布兰卡的同盟国船队

　　根据兵力部署的重大改变和整个战争的进展情况，大西洋交通线上的斗争可分为三个主要时期。

1. 第一时期

　　第一时期为 1939 年 9 月至 1941 年 6 月。1939 年 9 月 3 日，英国对德正式宣战。当天德国潜艇部队指挥官邓尼茨派出的 U-30 号潜艇便初战告捷，击沉英国邮轮"雅典娜"号，由此大西洋海战拉开序幕。

　　开战初期，由于德国海军力量远不如英国海军强大，尤其是大型水面舰只少得可怜，因此德国除了以 1 ～ 2 艘袖珍战列舰组成水面小编队，把商船改装成袭击舰与英国海军正面交火实行破袭战外，还展开了潜艇战，以单艇在广阔的大西洋对英国航运实施"打了就跑"的战术。截止到 1940 年 3 月 1 日，德国潜艇共击沉英国船只 199 艘，总吨位达 70 余万。两艘袖珍战列舰也击沉了 5.7 万总吨位的船只。尽管英国于 1939 年 5 月便建立起护航制度，但每天仍有不少船只惨遭德国潜艇袭杀，这些潜艇被人们称为"海狼"，使英国人闻之色变。此外，英国战舰也成为德国潜艇攻击的目标。1939 年 9 月 19 日，德国 U-29 号潜艇在通往不列颠群岛的西航道外一举击沉了英国航空母舰"勇敢"号，为此英国人不得不将航空母舰从德国潜艇活动频繁的地区撤了出去。10 月 14 日，邓尼茨派遣普里安少校率 U-47 号潜艇长途奔袭英国本土海军基地斯帕卡湾，击沉英国战列舰"皇家橡树"号，舰上近 800 名官兵葬身海底。此后，英国人被迫放弃了斯帕卡湾这一重要海军基地。另外，德国潜艇还击伤了"纳尔逊"号、"巴勒姆"号战列舰和"贝尔法斯特"号巡洋舰。德军仅损失 14 艘潜艇，约 9500 总吨位。

英国"皇家橡树"号战列舰

1940 年 6 月，法国沦陷，英国失去了法国舰队的支持，而德国却获得了离大西洋更近的大陆西海岸的海港和潜艇基地。同时，德国潜艇数目也有了增加，这使邓尼茨决定实施其以前难以施展的潜艇战新战术 —— "狼群战术"，即多艘潜艇协同作战，一旦发现盟国护航舰队，便由一艘潜艇搜索追击，并用无线电引导其余潜艇到场集合，抢占护航队上风，然后在水上连续数日夜袭，直到歼灭猎物为止。邓尼茨明确指出这一作战模式的实质是经济战，通过对大西洋上英国的经济生命线的绞杀来削弱其战斗力。从 1940 年 7 月到 10 月，德国潜艇共击沉了 205 艘英国舰船，总吨位达 108.9 万，而德国仅损失了 6 艘潜艇。只是冬季到来，大西洋风大浪险，才使"狼群"难以展开攻击而一度收敛。

1941 年 3 月，随着气候的回温，大西洋上再次燃起战火。今非昔比，英国人在吃了亏后，改进了对付潜艇的战术和设备。声呐、无线电测向仪和更加有效的深水炸弹的发明，使英国的护航条件大为改善。"狼群"开始品尝到英国"猎枪"的味道了。3 月 7 日，德国海军王牌艇长普里安少校指挥的 U-47 号潜艇在攻击英国"OB-293"护航船队时，被英国驱逐舰用深水炸弹击沉，普里安少校命丧海底。10 天后，德国海军王牌艇长克莱施麦少校指挥的 U-90 号潜艇和舍普尔少校指挥的 U-100 号潜艇，在攻击英国"HX-12"护航队时也被击沉，舍普尔随艇丧生，击沉盟国船只吨位数最高的克莱施麦则被英国麦金泰尔上校指挥的驱逐舰活捉。从此，英国人开始从"狼群战术"造成的惊慌失措中逐步恢复过来。

1941 年春，德国海军部还派出了大批大型水面舰只参加了大西洋战役，它们共击沉了数十万吨的英国货船和护卫舰船。5 月中旬，德国新建的战列舰"俾斯麦"号以及巡洋舰"欧根亲王"号驶入大西洋，以图扩大战果。然而，"俾斯麦"号战列舰不久之后就被英国舰队击沉。该舰的沉没，标志着德国海军元帅埃里希·雷德尔计划用大型水面舰只赢得大西洋战役的战略失败，从此邓尼茨的潜艇成为德国海军的主要作战力量。

在第一时期，德军共击沉同盟国和中立国的运输船只和作战舰艇达 760 万吨，其中潜艇击沉的占 53.4%，飞机击沉的占 18.7%，水面舰艇击沉的约占 12%，水雷炸沉的约占 11.8%，沉没原因不明的占 4.1%。而德军共损失潜艇 43 艘。

2. 第二时期

第二时期为 1941 年 7 月至 1943 年 3 月。1941 年 7 月，美军登陆冰岛，接替英军守卫该岛。随后，美国又担负起在冰岛以西护送运输船队的任务。此举标志着美国逐渐卷入了战争。9 月 11 日，罗斯福总统宣布了美国在大西洋的护航原则：美国将对大西洋的德国舰艇实行不等对方首先进攻就予以打击的"见了就打"的政策，这其实就是美国对德国的不宣而战。

1941 年的最后 3 个月，为配合北非战场和东线战场，德国大量潜艇被派往地中海和波罗的海，导致在大西洋作战的潜艇数量锐减。到 1941 年 11 月，德国在大西洋作战的潜艇仅剩 5 ～ 10 艘。在整个 1941 年，德国潜艇共击沉了 432 艘盟国船只，共计 217 万总吨位，低于 1940 年的战绩。

1941 年 12 月珍珠港事件之后，德国对美国宣战，邓尼茨下令开始实行全面无限制潜艇战。12 月 16 日，第一批由 5 艘潜艇组成的"狼群"在 U-133 号艇长哈尔德根少校的率领下，悄悄驶离了比斯开湾的基地，向美国东海岸进发。由于美国毫无防备，因此德国潜艇取得了较大的战果。1942 年 1 月，德国潜艇仅在美国海域就击沉了 62 艘商船，总计达 32.7 万吨位，后来几个月的攻击也很成功。到 1942 年 4 月底，德国潜艇又击沉了 120 万吨位的商船，其中一半以上是油轮。难怪邓尼茨说："当时是潜艇战在经济上最合算的时期。"

1942 年被德国 U-71 号潜艇击沉的美国"南方之箭"号油轮

进入 1942 年 5 月，美国开始加强东海岸的护航。但德国潜艇在南部加勒比海仍获得丰硕战果，仅 5 月、6 月就在该海域就击沉了盟国 75 万总吨位的商船。

到了 1942 年下半年，随着美国在东海岸和加勒比海采用护航编队后，德军在美国海区的潜艇战前景已不太美妙了。于是邓尼茨将潜艇战的重点移到较近的北大西洋，以打击英国护航船队。这时德国潜艇数量已有了大幅增加，每月开往前线的新潜艇达 30 艘之多，这使邓尼茨能够编成较大规模的"狼群"了。1942 年 7 ～ 9 月，德国潜艇在北大西洋共击沉盟国 130 万总吨位的商船，但也损失了 32 艘潜艇。10 月起，经常有两个庞大的"狼群"截击盟国护航船队，但战绩不佳。11 月盟军在北非登陆，德国潜艇进行了有效阻击，击沉了不少商船。1942 年的最后 3 个月，德国潜艇共击沉了 168 万总吨位的盟国商船。在整个 1942 年，盟国船只被击沉 1160 艘，总吨位达 626.6 万吨，超过了英美建造新舰的吨位，德国也损失了 87 艘潜艇。

在第二时期的个别阶段，德国潜艇虽然依靠局部兵力优势和改进兵力的使用方法击沉了相当数量的运输船，但其相对战果（即海上作战的每艘潜艇的平均战果）却只有第一时期的 1/3 ～ 1/4。整个第二时期，同盟国和中立国损失的运输船只和作战舰艇共约 1000 万吨，其中被潜艇击沉的占 80%。在此期间，德国海军损失潜艇 155 艘。

美国 SB2U "辩护者"侦察轰炸机在盟国船队上空飞行

3. 第三时期

第三时期为 1943 年 4 月至 1945 年 5 月。1943 年 3 月，邓尼茨的"狼群战术"达到高潮，上百艘德国潜艇集中于北大西洋中部，即盟国护航兵力的薄弱环节，其中 41 艘集中攻击 2 支盟国护航运输队，击沉 21 艘盟国商船，而德方只损失了 1 艘潜艇。整个 3 月，德国潜艇共击沉 82 艘盟国商船，总吨位达 50 万。5 月，"狼群"又击沉了 34 艘商船，共计 25 万总吨位。但德国的潜艇损失却高达 41 艘。这使邓尼茨感到："潜艇损失数上升得如此之快，是人们无法预料的。"他认为机载雷达使潜艇完全丧失了水面战斗能力，在空中侦察力非常强大的北大西洋主战区，"狼群战术"无法继续使用，只有在潜艇的作战能力有了很大的改进后，潜艇战才可能恢复。鉴于此，邓尼茨不得不承认："在大西洋战役中我们战败了。"5 月 24 日，他下令潜艇撤离北大西洋，大西洋潜艇战就此告终。

1944 年 6 月，同盟国军队在法国北部登陆（诺曼底战役），摧毁了德军在比斯开湾的重要基地配系，并空袭各潜艇基地，将潜艇封锁在基地内，使德国潜艇的作战效果显著下降，潜艇的损失急剧上升。

直到二战结束，继续在大西洋忽隐忽现的德国潜艇不过是为牵制盟军而进行的困兽之斗罢了。

1943 年大西洋上的美国军舰

1944 年 6 月被美军俘获的德国 U-505 号潜艇

4. 狼群战术

　　"狼群战术"的实质是集中弱小舰艇的力量来摧毁大型舰队，行动中一般要派出数艘潜艇在海上进行巡逻和侦察，只要有一艘潜艇发现了盟军的护航舰队，就会发出无线电信号，将距离较近的潜艇全部召集起来，在夜间对敌人发动奇袭。通常的做法是，当发现目标后，各潜艇便从敌方护卫舰队的间隙或侧翼隐蔽地穿插过去，躲过其火力打击屏障，向目标靠近。白天，各潜艇在四面八方占领有利攻击阵位，隐蔽在水下，夜间突然升出水面，同时向目标发射鱼雷。

　　面对"狼群"的横行肆虐，盟军有针对性地进行了反击。1943 年 1 月，盟国政府首脑与盟军参谋长联席会议成员决定：首先盟军要改进雷达技术，防止德军潜艇截听信号。其次要增加航空母舰护航，用舰载飞机保证运输船队的安全。最后是运用新技术和新战术。盟军的这些措施非常有效，最终让猖狂一时的德国潜艇灰飞烟灭。

　　值得一提的是，现代海战理论仍然把潜艇视为对付航空母舰等庞然大物的"杀手锏"。而现代潜艇作战的一些先进理论，例如深海封锁、机动攻击、联合攻击等都还或多或少地受到了"狼群战术"思想的影响。

1943 年盟军舰船使用的无线电测向仪

1945 年德国潜艇在英国朴茨茅斯海军船坞投降

为什么说克里特岛战役对现代战争具有很大的影响力

克里特岛空降战役是二战中希腊战役的一部分，是爆发于希腊克里特岛的战事。战斗开始于 1941 年 5 月 20 日早上，德国发动代号"水星行动"的军事行动，空降入侵克里特岛。防守该岛的为希腊抵抗军及盟军。

经过首天的战斗，以英军为首的盟军承受了极高的伤亡，却无法有效阻止德军的进攻。第二天，由于盟军方面的通信出现问题，导致盟军指挥官无法及时掌握战况，致使岛上西面的马莱迈机场落入德军手中，令德军得以大量空运增援部队，在数量上压倒盟军并最终完全控制克里特岛。

克里特岛战役是历史上首次大规模空降作战，同时也是盟军首次利用被破译的德军恩尼格玛密码机获取情报的作战，以及德军首次遭遇当地平民大规模抵抗的战役。受到这次军事行动中空降部队的巨大伤亡影响，希特勒禁止德军今后进行任何大规模的空降作战行动，而盟军却对空降兵的潜力印象深刻并开始积极组建自己的空降部队。德军虽然控制了爱琴海和地中海航道，但是损失惨重。

1. 战役背景

1940 ～ 1941 年，德意在巴尔干半岛进行扩张。巴尔干半岛地处欧亚非三大洲的交通要冲，为历代兵家必争之地。对于德意而言，占领巴尔干半岛，既可有效控制东地中海，进而威胁英国在近东、中东和北非的殖民地，又能封锁苏联的黑海出海口，从南翼进攻苏联；还可切实保护罗马尼亚的普洛耶什蒂油田。

1940 年，墨索里尼准备侵占南斯拉夫或希腊，10 月 28 日，意军由阿尔巴尼亚穿越边界，从三个方向侵入希腊，但却遭到希腊军队奋起反击，在几乎不到一个月的时间里，意军全线撤退。意大利的失败，危及希特勒征服巴尔干的计划，因此德国不得已在 12 月制订了在次年春实施的马里塔计划。

由于意大利军队的失败，德军不得已推迟了"巴巴罗萨"计划。这场战役起码让德军入侵苏联推迟了大约 5 周，用德军南集团军的冯·伦斯特陆军元帅在战后对盟军的审讯员说的话来形容这场战争："这是一次代价非常昂贵的推迟。"

第一批德军士兵准备空降

克里特岛位于东地中海，在爱琴海与地中海的交汇处，是地中海第五大岛，也是爱琴海最大的岛屿。它西距马耳他岛约 810 千米，东距塞浦路斯岛约 520 千米，西北距伯罗奔尼撒半岛约 90 千米，南与北非重镇托布鲁克隔海相望，约 360 千米，东南距埃及的亚历山大港约 560 千米，战略地位极其重要。如果德军占领该岛，既可控制东地中海，威胁英国在地中海区域和中东的阵地，保卫罗马尼亚油田免遭英军空袭，又可将该岛作为入侵中东的前进基地。对英国而言，克里特岛则是保卫埃及和苏伊士运河的前哨阵地。克里特岛四五月份的气候通常晴朗少雨，对掌握制空权的德军实施空降作战非常有利。克里克岛一直是地中海战略要地，在飞机出现后，其战略意义得到加强。

2. 战役过程

1941 年 4 月 6 日，德国对南斯拉夫和希腊同时发起突然袭击。德军当天就突破了希腊边境防线，装甲部队攻入希腊北部。4 月 27 日，德军攻陷雅典，英军撤退，希腊被攻陷。而夺取克里特岛，是德军入侵巴尔干的最后一战。克里特岛其实是由英军来防守的。

战壕里的英军士兵

德军投入将近 1200 架作战飞机投入进攻，包括精锐的山地师以及登陆部队约 7000 人和一些登陆辅助船只。德军计划采用空降方式攻占该岛，这是历史上首次大规模空降作战。德军统帅部对他们精锐的空降部队寄予深厚的希望，毕竟德军空降兵在西欧和挪威都表现惊人，其战斗力非同一般。英军曾向克里特岛派驻了 6000 人的部队。加上后来从希腊陆续撤退的希军、英军总数约 4.4 万人。但是英军认为德军主力会从海上登陆，空降突击只不过是为了夺取机场和港口。

德军于 5 月 20 日凌晨 4 时 30 分开始第一攻击波。凌晨 5 时，德空军进行了猛烈的航空火力准备。随后德军大规模空降克里特岛，但是作战并不顺利，其中一部分空降兵正好降落在英军阵地上空，毫无疑问他们中的大部分在降落的过程中遭到英军火力无情的屠杀，其余部分则由于散布过大，而且降落中遭到密集火力射击，损失不仅很大，也无法集中有战斗力的单位，对英军的进攻毫无进展。截至当天中午阵亡人数已经达到了整体空降人数的一半。

登陆克里特岛的德国空降兵

　　德军第二攻击波组织混乱，直到 16 时，大部分飞机还在机场。当德军的飞机零零散散地到达克里特岛上空后，空投断断续续维持了 3 个多小时。并且由于起飞时间延误而没有得到战斗机的空中掩护，损失更为惨重，还没战斗就损失了很多人。但是德军空降兵毕竟是身经百战的特殊部队，战斗素质不是英军能比的，虽然形势不利，但是在对英军持续不断地进攻下，英军终于在午夜崩溃，德军占领了克里特岛的飞机场，从而使胜利开始向德军招手。6 月 2 日，德军在航空兵的支援下完全占领克里特岛。

　　在战役中，德军阵亡、失踪约 4000 人，受伤 10 000 人。英军总伤亡人数约 2.8 万。英国海军 3 艘巡洋舰、6 艘驱逐舰被击沉，大量的舰船被击伤。虽然德军伤亡数字低于英军，但是德军损失的是长期训练的精锐空降兵，这在德国历史上是十分罕见的。

从空中不断空降的德国空降兵

3. 战役影响

德军攻占克里特岛后，其东南欧的陆上交通线得到了可靠的保障，并控制了爱琴海和地中海东部航线，并使英国丧失了一个地中海内最重要的据点。战役中，完全掌握了制空权的德国空军起了决定性作用，使英国地中海舰队遭受了重大损失。夺占克里特岛之战显示了空降兵作战能力的增长。同时事实证明，实施这样的战役，如不与其他军种协同，势必遭到重大损失。因此，夺占该岛之后，德军统帅部再未敢组织过类似的大规模空降战役。

德国空降兵降落到克里特岛

被俘虏的英军士兵

在整个克里特岛空降战役中，德军的战略是成功的，攻占了克里特岛有多个战略意义，不但在地中海东部地区有了一个重要的空军和海军基地，而且还能牵制南面北非英军军事力量，向东面对中东地区存在着进攻的可能，这使盟军十分担心德国和日本的连接，而最重要的是对德国入侵苏联解除了后顾之忧。

但是从战术上来讲，这次战役却是失败的。在 12 天的空降作战中，虽然英军损失惨重，但是德军损失了 1.4 万的空降精英部队和 170 余架运输机，这对于德国的空降部队而言是毁灭性的打击，这在德国战史上是十分罕见的，这导致德军在以后的各种战役中都没有大规模地使用过空降兵。

虽然德军以后再没有利用空降兵参与作战，但是盟军却将这一战术发挥得淋漓尽致，比如在日后的诺曼底登陆，进攻前事先多次使用欺骗手段直到彻底麻痹德军，实施空降时形成突袭之势，部队投放较为准确，而且作战时间很短，没有出现克里特岛上的长期拉锯战，最重要的是英美空降兵的任务是策应次日的登陆部队，而不是实施攻坚战。空降兵不仅将突然性、意外性的作用发挥到极致，同时也没有犯分散空降的错误，从而使盟军在欧洲大陆节节取得了胜利。而且空间作战也将多兵种协同作战的方式打磨得更加圆润，为现代战争的发展指明了方向。

德军空降重型装备

>>> 为什么二战中法国重金打造的马其诺防线没有起到什么防御作用

　　马其诺防线是法国在一战后，为防德军入侵而在其东北边境地区构筑的筑垒配系。马其诺防线从1928年起开始建造，1940年才基本建成，造价约50亿法郎（1940年币值），其名称来自当时法国的陆军部长马其诺的姓氏。该防线主体有数百千米，主要部分在法国东部的蒂永维尔。

　　这个防御工事由钢筋混凝土建造而成，十分坚固。由于造价昂贵，所以仅防御法德边境，至于荷兰则由英法联军作后援。防线内部拥有各式大炮、壕沟、堡垒、厨房、发电站、医院、工厂，等等，通道四通八达，较大的工事中还有有轨电车通道。然而，这个耗资相当于当时法国一年财政预算的防线并没有挡住德国法西斯装甲化、摩托化部队的进攻。德军攀越阿登山区，经比利时绕过马其诺防线，很快占领了法国全境。被神话般信奉的马其诺防线最终成了无用的摆设，在战后则成了旅游景点。

　　那么马其诺防线失败的原因到底有哪些，导致了法国在二战初期发生溃败？主要有以下三点原因。

在防御工事内戴着防毒面具的法国士兵

1. 强行复制一战作战模式

由于一战初期法国大规模进攻的战略带来的惨重损失，而在多次防御战役中尝到了甜头，使大多数当权者认为未来的战争形态不会比第一次世界大战"高明"多少，所以"完全防御"的军事思想在法国大行其道，而马其诺防线便是这种军事思想的最佳实践，他们希望马其诺防线可以像在凡尔登战役中一样，取得辉煌的胜利。这使得法国人特别注重火力掩护下的固定防御，野战条件下的部队机动性基本上被忽视，作战条令和训练大纲都不鼓励部队进行冒险性进攻，尽可能避免与敌人发生遭遇战，在预定防御阵地上用猛烈火力对来犯之敌进行打击成为法军的作战原则。所以当马其诺防线在面对德军的"闪电战"时，它不仅真的成了一个摆设，被完全忽略了，而且还成了巨大的战争包袱，进不能攻，退不能守，因此法军失败也是一种必然。

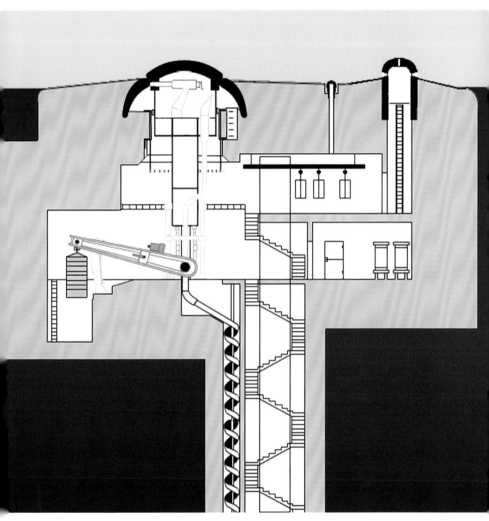

马其诺防御工事部分结构示意图

2. 领导层的短视

　　虽然当时法国赢得了一战的胜利，但当时军队高层对于日后如何应对德国的报复则分成两派。一派的代表人物是福煦元帅——一战结束时的盟军最高指挥官，他认为最好的防御就是进攻：德国一旦再次威胁法国，法国应该立刻发起一场跨过莱茵河的进攻。另一派则宣称上次大战中特别是凡尔登会战的经验证明了坚固的永备防御工事和要塞的优越性在强大炮火的掩护下，它们能给攻击部队造成巨大的损失。他们认为法国最好能有一系列要塞构成的战略防线抵御入侵，直到盟国能提供援助，以联合封锁来扼杀德国。

法国士兵在工事内使用潜望镜观看战地情况

　　同时，当时法国决策层对一战中崭露头角的新兵器坦克和飞机也没有给予足够的重视，而认为这些只是步兵和炮兵的支援手段，有些法国将领固执地认为飞机的作用就是给炮兵指示目标，而坦克的活动范围必须圈定在己方炮火的有效射程之内，进攻只能在炮兵完全摧毁敌方防御之后才能由步兵发起，坦克必须掩护进攻的步兵。这些可笑的作战方式甚至影响到了整个作战部队的战略战术，所以当法军看到德军把飞机和坦克作为主要的冲锋手段的时候，完全不知道该如何去进行战斗。

3. 盲目相信防线的军事作用

坚固的防线内部

　　在战争爆发前，马其诺防线的修建是法国人的一个骄傲，他们认为这个欧洲最为庞大的工程项目可以完全断绝敌人从侧翼迂回的可能性，只有在付出惨痛代价的情况下才有可能突破，法军在使用少量兵力守备防线的情况下可以调集尽可能多的预备队对来犯之敌进行痛击，甚至在1939年9月3日法国对德宣战之后，布置在前线的法国部队根本没有临战前的紧张气氛，从前线到后方的法国人一致认为德国人必然会在马其诺防线面前撞得头破血流。他们整日无所事事，既不作战，也几乎不训练，更不会操练那些听都没听说过的步坦协同、空地协同战术。法国士兵每天的工作就是挖一些毫无用处的野战工事，以及享受后方提供的丰富全面的娱乐设施，直到被德军突如其来的攻势打得一败涂地。

与其说法国人败在马其诺防线上，不如说二战是一次革命性的世界战争，它彻底改变了人们对战争的认识，原有的战争模式已经完全无法适应全新的战法，要想取得战争的胜利，首先要革新军事思想，而不是墨守成规。

马其诺防御工事内的大口径迫击炮

>>> 为什么二战中德军的"虎"式坦克会让盟军头痛不已

　　"虎"式坦克是二战中最著名、最具有传奇色彩的坦克之一。从 1942 年下半年服役起至 1945 年德国投降为止，一直活跃于战场第一线。"虎"式坦克在战争中击毁了大量的敌军坦克和其他装备，在对手心中树立了不可战胜的神话形象，留下了威力巨大的深刻印象。这使它成为所有盟军坦克危险的对手，凡是在战斗中能够击毁或击伤虎式坦克致其被遗弃的盟军坦克，人们都会尊称其为"驯虎者"。

　　"虎"式拥有当时最强的坦克炮和最强的装甲，其炮塔正面防盾厚达 120 毫米，T-34 和 KV-1 的 76 毫米炮在近距离也难以击穿。1942 年 8 月，4 辆"虎"式坦克首次在列宁格勒附近登上战场。在 1941 ～ 1942 年，苏联 T-34 坦克针对自身优势，经常采用远距离接战方式，即在德国坦克炮有效射程外停车开火，逼迫德国坦克要么躲避要么冲锋抵近。但"虎"式坦克问世后，苏军坦克的旧有战术已成为自杀行为，德军可在 2000 米外轻松击毁 T-34（1000 米穿甲能力为 138 毫米），而 T-34 早期型的 76 毫米炮，在零距离甚至都无法击毁"虎"式炮塔正面防盾。

"虎"式坦克结构图

"虎"式坦克剖截图

"虎"式坦克正面

　　在哈尔科夫反击战和库尔斯克大战中，"虎"式的性能优势被发挥得淋漓尽致，苏军曾经值得骄傲的 T-34、KV-1 坦克，只能凭借数量优势，冒着巨大损失冲锋数千米，抵近德军坦克进行射击。有资料称，在库尔斯克战役中，苏军损失坦克超过 5000 辆，而德军损失只有 1000 余辆。此战德国投入的"虎"式坦克不过 100 辆，但对苏军形成了巨大的心理威慑，对其坦克战术使用也产生了巨大影响。

"虎"式坦克炮台特写

　　在 1943 年，苏联当时几乎所有设计的新型坦克都以"虎"式坦克作为假想敌，并且不断装上更大口径、更长身管的火炮，以达到击穿"虎"式前装甲的目的。1943 年后，装备 85 毫米炮的 T-34/85，装备 122 毫米炮的 IS-2（斯大林 -2），以及装备 85 炮、122 炮、152 炮的几种自行火炮纷纷问世，均在理论上具备了击毁"虎"式坦克的能力。

　　但经过实战检验证明，85 炮、122 炮并非最好的利器。T-34 后期型全面换装 85 毫米炮，具备了在 500 ～ 1000 米距离内击毁"虎"式侧面装甲的能力，但正面击穿"虎"式坦克仍较为困难（1000 米穿甲能力为 102 毫米），尤其是"虎"式炮塔正面。但 85 毫米炮能够对付德国大多数坦克，而且也确实能够对"虎"式造成威胁，因此 T-34-85 成为战争后期苏军数量最多的坦克。

　　随着 100 毫米 D-10 坦克炮正式量产，真正的"屠虎"战车——SU-100 自行反坦克炮在 1945 年正式走进战场，其拥有比"虎"式更强的穿甲能力，射速也比 IS-2 更快（6 分 / 发）。在巴拉顿湖战役中，面对装备"虎"式坦克的精锐装甲集群，SU-100 战车粉碎了德军的最后一次反击。

"虎"式坦克的优点很明显，即装甲厚、火力强、射程远。二战初期可以秒杀所有盟军坦克。其火力可以在正面 1500 米内击穿 T34 和谢尔曼的装甲，而谢尔曼在零距离打不穿虎式的侧面装甲。在 HBO 著名的《兄弟连》中就有这样的一个桥段，当时美军的坦克面对德军坦克的狼狈场面，从侧面反映了当时德军坦克的威力。

工人正在打磨"虎"市坦克的负重轮

"虎"式坦克的车体前方装甲有 102 毫米厚，炮塔正前方炮盾装甲厚达 135 ～ 150 毫米。这样的厚度能够在正常交战距离抵挡绝大部分炮弹，尤其是来自正面的炮弹。"虎"式坦克使用的是镍合金钢装甲，这是德国在二战时期质量最好的装甲钢，"虎"式其装甲生产采用冷轧锻造工艺而非铸造。相对于铸造钢，冷轧锻造钢的强度特性高出不少，其致密程度大约提高 6% 左右。"虎"式坦克大部分的装甲是垂直与其他结构相连接的，并采用了咬合连接形式，使其获得了良好的结构性能。

"虎"式坦克准备下线

　　但是，"虎"式坦克也有不少缺点，比如它采用了传统的垂直装甲，没有使用当时更为先进的倾斜式装甲的设计，使得其防护能力与重量并不相当。虎式坦克的正面防护力并不尽如人意，甚至不如重量比它轻得多的豹式坦克。而且"虎"式坦克没有采用普遍采用的柴油发动机，而是使用了迈巴赫 700 马力汽油发动机，使用汽油发动机的弊病就是在战斗过程中容易因为炮击而被点燃，同时它的续航里程也远低于苏联的坦克。这主要是因为当时德国制造柴油机的稀有金属材料比较匮乏，而且德国国内柴油产量不高，选择汽油发动机也是无奈之举。当德军的后勤运输线遭到苏联红军的毁灭性打击以及面临严酷的作战环境时，许多"虎"式重型坦克由于缺乏燃料而变成一堆废铁。

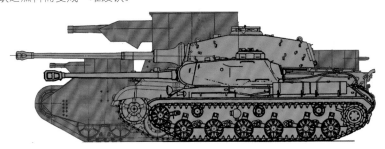

不同坦克的体积对比
（红：日本 O-I 超重型坦克，蓝：德国"虎"式重型坦克，绿：苏联 IS-2 重型坦克）

此外，"虎"式坦克 56 吨的重量也不适宜在东线作战，因为苏联南部草原到处是洼地沼泽，对虎式坦克来说遍地都是陷阱，稍不留心就会深陷泥潭，苏军缴获的第一辆虎式坦克就是因为陷入沼泽而被俘获的。而当时欧洲绝大多数桥梁承重极限只有 36 吨，因此虎式坦克所到之处，都必须有工兵在前开路，测试路面，加固桥梁。但由于虎式坦克对多数桥梁而言依然过重，因此它被设计为可以涉水 4 米深。这要求特殊的机制来透气和冷却，潜水需有 30 分钟准备。炮塔和枪必须被固定于前方位置并且密封，而且在坦克后部需高高升起一只大型呼吸管。只有初期 495 辆虎 I 坦克装有潜水系统，所有的后期型虎 I 坦克都只能涉水 2 米。

高昂的制造成本也是"虎"式坦克无法大批量生产的原因。这种坦克的制造非常费时，其原材料和建造费用都非常昂贵，虎式坦克的成本相当于当时 IV 号坦克的两倍，相当于 T-34 坦克的三倍和 IS-2（斯大林-2）坦克的两倍。

所以威力再巨大的武器，如果无法满足战争的需要，它也注定无法发挥自己最大的作用。

为什么基辅战役被称为史上最大规模的"包围战"

基辅包围战是战争史上规模最大的一次围歼战。苏军失利的主要原因是领导层的战略指挥失误。自从 1941 年 6 月在苏德爆发战争以来，苏军在闪电战的打击下节节败退。长驱直入的德军三个集团军和两个装甲集群对基辅一带苏军西南方面军形成钳形包围之势。当时苏军的军队领导层希望后撤以获得战略纵深，但由于最高统帅部并不同意，并更换了军队的领导层，因此最终导致苏军被包围。

1. 战役过程

根据"巴巴罗萨"计划，侵苏德军分为北方、中央、南方三个集团军群。其中兵力最强大的是包克元帅指挥的中央集团军群，其属下古德里安大将的第 2 装甲集群和霍特大将的第 3 装甲集群，以钳形攻势迅速在苏军后方形成合围之势。在一开始进行的比亚威斯托克 —— 明斯克会战中，德军抓到了 30 万以上的俘虏。紧接着从 7 月到 8 月初又在斯摩棱斯克会战中抓了 30 万俘虏。此时从边境到莫斯科的路程已经走完了一大半，莫斯科就在三百多千米以外了。

　　1941 年 8 月 20 日，德军进抵第聂伯河，此时，德军中央集团军群和南方集团军群之间相距 550 千米，如果用一条直线将两个集团军群连接起来的话，那么该直线的中心距离后方约 500 千米，也就是说，德军的攻击区域近似于一个等边三角形，而苏军西南方面军主力正处在这个三角形之间。希特勒抓住机会于 8 月 21 日签发了第 35 号指令，命令德军歼灭苏西南方面军所属第 5 集团军进而占领克里米亚和顿涅茨盆地的工业区，切断通往高加索的石油供应。

德军士兵进入苏联村庄

　　8 月 25 日，德军第 2 装甲集群率先南下直插苏军后方，而苏军最高统帅部对德军的战略目标判断失误，以为他是要从南翼包围苏联方面军和预备队方面军，迂回进攻莫斯科。与此同时，德国南方集团军的第 17 集团军强渡第聂伯河，而克莱斯特的第 1 装甲集群则以最快速度突入苏军背后，同古德里安的第 2 装甲集群在基辅侧后南北对进，形成钳形攻势。

　　至此，德军要围歼基辅地区苏军的意图已暴露无遗。在这种极端不利的形势下，苏军应主动撤退，以免被围。但最高领导层仍然命令西南方面军不惜一切代价坚守阵地，不但原有守军不得撤离，还将大批部队从各地调到基辅。

德军在基辅附近第聂伯河上架设浮桥

　　简而言之，这是一个双重合围的计划。外线是第1、第2两个装甲集群，内线则是以步兵为主的第2、第6和第17集团军。虽然此时苏军身处险境，但统帅部仍然禁止任何形式的后撤，命令苏军不但要守住基辅，还要对德第2装甲集群实施反突击。9月14日，德军展开了包围苏军的最后进攻，第1装甲集群第16师猛攻卢布内，而第2装甲集群的第3师则强攻洛赫维察，两师相距40千米。

苏联红军准备渡过第聂伯河

　　在历经了数日血战后，苏军最高统帅部终于下令放弃基辅。苏军放弃了城防要塞和外围工事，炸毁了第聂伯河上的桥梁，退向城内。包围圈里的苏军被切断了后勤供应，在既无燃料又无弹药的情况下，只得整营整营地端起刺刀向德军的坦克大炮和机枪发起密集冲锋，这种绝望的自杀式冲锋最后成了一场德军对苏军的大屠杀，成千上万的苏军士兵倒在德军的枪炮下。

　　在遭受了重大伤亡而徒劳无功之后，苏军庞大的集群令人难以置信地迅速崩溃了。到9月26日，战役结束，近百万红军将士除阵亡者外，有66.5万人成了战俘。德军还俘获了坦克884辆，火炮3718门，车辆3500辆。

苏联红军组织进攻

2. 战役意义

此役德军在基辅会战中以较小的代价歼灭了 70 多万苏军，并且由此导致了苏德战场上双方兵力对比的巨大变化，并尽可能地拉直了整个战线，大大改善了中央集团军群乃至整个东线德军的战场态势，并为其后向莫斯科进攻创造了有利的稳妥条件，也使中央集团军群在后来从莫斯科撤退的过程中不至于受到严重的侧翼威胁，并且最终将战线稳定下来。

虽然苏军损失惨重，但却使德军在 1942 年开始不得不进入持久战。事实上基辅战役，德军给自己在莫斯科大会战中埋下了失败的伏笔。苏军在基辅拖延德军进攻达 2 个多月的时间，延误了德军进攻莫斯科的最佳时机，为苏联在莫斯科会战的胜利奠定了良好的根基。

德军在此战的得失正如英国军事理论家利德尔·哈特所言："就基辅包围战本身而论，实在可以算是一次极大的成功。对德军而言，也可算是一个空前的杰作。从战略方面来说，似乎也有很充分的理由。先使南翼不受到敌人反攻的威胁，然后再来进攻莫斯科。此外，由于俄军数量庞大，但却缺乏机动性，所以这种战略遂显得更有利。德军可以分别把兵力先后集中在不同的地区，而轮流产生几个决定性的战果。但是唯一的弱点就是'时不我予'，尤其是德军对于冬季作战并无充分的准备。"德军赢得了战争史上最大的歼灭战，却失去了战争史上最大的胜利。

二战中日本为什么要执意偷袭珍珠港

偷袭珍珠港是指由日本军方策划的一起偷袭美国太平洋海军舰队基地——珍珠港的军事事件，这起事件成为二战中太平洋战争爆发的导火索。1941 年 12 月 7 日清晨，日本海军的航空母舰舰载飞机和微型潜艇突然袭击美国海军太平洋舰队在夏威夷的基地珍珠港以及美国陆军和海军在瓦胡岛上的飞机场，太平洋战争由此爆发。这次袭击最终将美国卷入二战，这起事件也被称为珍珠港事件。

珍珠港俯视图

1. 原因分析

其一，珍珠港是美国太平洋舰队的母港，这里后勤设施完善，日本摧毁这个港口将使美国海军丧失在太平洋的后勤基地。但是偷袭行动并没有摧毁美国海军的航母，使得美军的海上实力仍然保存得比较完整。而且偷袭行动也没有彻底摧毁港口的后勤设施，美国海军仍然具有足够的后勤保障能力。

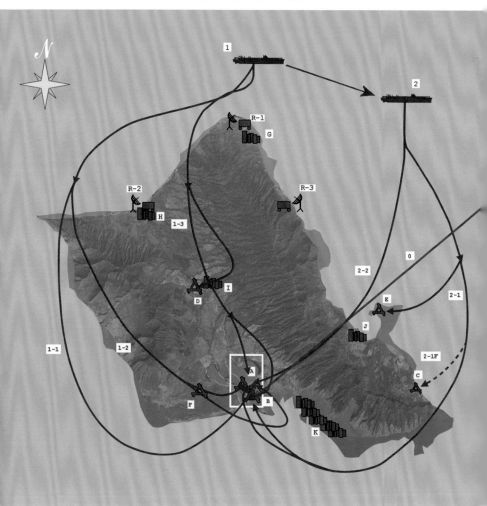

日军袭击珍珠港线路图

其二，争夺制海权，确保石油运输。因为当时日本被禁运石油，为了满足战争需要，夺取东南亚油田是日本首要的战略目标，而阻碍这个目标实现的最大因素就是美军太平洋舰队，只要打垮了美军太平洋舰队，日本侵占东南亚的战略目标就可以实现。

其三，以打促和。日本希望彻底歼灭太平洋舰队，以达到与美国签订一份有利于自身的协议的目的。因为此时欧洲战场打得如火如荼，美军的大西洋舰队还要支援英国和德国作战。但是偷袭珍珠港并没有达成日军的战略目标，既没有完全摧毁珍珠港的港口设施，也没有消灭美国的航母舰队。最终使日本在海上陷入了消耗战，当日本将战争初期的优势一点点耗尽后，失败的命运就已不可避免了。

日本开始进攻时拍摄的珍珠港照片

珍珠港事件发生时的美国海军太平洋舰队司令哈斯本·金梅尔

2. 战役意义

这场战役具有历史决定性意义，这次袭击彻底地将美国和它雄厚的工业和服务经济卷入了二战，导致了轴心国在全世界的覆灭。此后盟军的胜利和美国在国际政治上的支配性地位都和此次战役密不可分。

从军事史的角度来看，对珍珠港的袭击标志着航空母舰、潜艇以及舰载机取代战列舰成为海军主力的转折点。大型战列舰决战的时代过去了，航空母舰取代战列舰成为新的海战王牌，海军航空兵作为新的决定性力量登上海战舞台。日本偷袭珍珠港，也宣告了太平洋战争的爆发。1941 年 12 月 8 日，美国和英国对日本宣战。

▶▶▶ 作为第一次航母大战的"珊瑚海海战",航母到底发挥了怎样的作用

珊瑚海海战是一场于 1942 年 5 月 4～8 日发生于珊瑚海的海上战斗,是太平洋战争中的一场重要战役。参战双方分别为日本海军和美国海军,这是军事史上的第一次航母对战,也是第一次双方舰队都在视线距离外进行的,且都没向敌军战舰直接开火的海战,同时也是日本海军在太平洋第一次受挫。日本海军由于损失的飞机和飞行员无法立即得到补充,因此被迫中止对莫尔兹比港的进攻。

1. 战役背景

1942 年初,日军联合舰队还沉浸在珍珠港胜利的美梦中。在日本看来,美国的经济潜力虽大,但转入战时状态还需要一个过程,预计美国 1943 年夏季才可能组织反攻,而日本完全有时间进一步推进战线,扩大防御圈。日本陆、海军一致认为澳大利亚将是英美借以反攻的最大据点,但由于日本大部分陆军深陷于中国,根本无力出兵登陆澳大利亚,可行的选择就是切断其与珍珠港的联系。

而此时美军获得了日本通信密码本,随着情报的积累,尤其是空袭东京后,日本作出了过分的反应,几乎把联合舰队都派了出去,珍珠港的情报处开始逐渐破译日本的电码,并用分散的情报逐渐绘制出联合舰队的进攻矛头。尽管通过破译密码,美军已知日军即将对莫尔比兹港实施登陆,同时其先遣队将先占领图拉吉,并基本掌握了日方投入的兵力。尼米兹已决心阻止日军登陆莫尔比兹的行动,这并不是一个能够轻易作出的决定,因为对盟军来说,集结必要的兵力对付来敌并不容易。这也是珊瑚海海战开始的缘由。

2. 战役过程

珊瑚海海战的第一场战斗在 1942 年 5 月 4 日拂晓打响,约克城号航空母舰到达瓜达尔卡纳尔岛西南约 200 千米的海面,航空母舰战斗机驾驶员向图拉吉附近海面上的敌人部队发动了一系列袭击,摧毁了敌方的水上飞机,随后美军舰队向西莫尔比兹港进发。但这一袭击暴露了美军的实力,珊瑚海战役前,美国占有情报先机,袭击图拉吉后,双方在情报领域再无差距。

5 月 7 日 4 时许,由于已基本得知美舰队的方位,日机动编队派出 12 架舰载机分为 6 组,在 180°至 270°方位之间、250 海里距离内搜索敌人。5 时 45 分,向南搜索的日机发现美军战斗舰群。6 时至 6 时 15 分,日军先后从瑞鹤号起飞零式战斗

机 9 架、轰炸机 17 架、鱼雷机 11 架，从翔鹤号起飞零式战斗机 9 架、轰炸机 19 架、鱼雷机 13 架。共 78 架日机向所发现的目标飞去。但到达目标上空才发现并不是美军的航母编队，而是 6 日下午与弗莱彻本队分手的尼奥肖号油船和西姆斯号驱逐舰。日军的突击机群飞临该队上空，发现其不是航空母舰，于是在附近海面反复搜索两个小时，仍未找到其他目标。其中的鱼雷机未进行攻击，9 时 15 分开始返航，而 36 架俯冲轰炸机则于 9 时 26 ～ 40 分才对最初发现的目标进行了攻击。西姆斯号被击中 3 颗 250 公斤的炸弹，其中有 2 颗在机舱爆炸，不到 60 秒就沉没了。尼奥肖号被击中 7 颗炸弹，载着大火在海上漂了几天后沉没。

这时美航母主力与油船分别后正在向西行驶，以期拦截日军的登陆舰队，但美军的舰队犯了同样的错误：没有发现机队部队。黎明之后两个小时，列克星敦号上的一架巡逻机发回报告"发现了两艘航母和四艘重巡洋舰"。于是列克星敦号派出俯冲轰炸机 28 架、鱼雷机 12 架、战斗机 10 架，由约克城号派出俯冲轰炸机 25 架、鱼雷机 10 架、战斗机 8 架，共计 93 架舰载机先后飞向目标。飞到目标后，才发现是两艘轻巡洋舰和两艘炮艇，这是日军登陆的掩护部队。但美军终于发现了被夸大了的舰队中值得攻击的目标：祥凤号航母。93 架美国战斗机和轰炸机经过半个小时的轮番进攻，祥凤号已中了 13 颗炸弹和 7 条鱼雷。几分钟后，祥凤号沉没，这也标志着日本海军在这里丧失了第一艘大型舰只。

5 月 7 日上午，美日双方攻击舰队刚好处于相互攻击范围的边缘，但双方由于技术原因而没有发现对方，相互错过了先发制人的时机。美军犯的错误更为危险，因为其出击的舰载机偏离了其主要威胁方位在 90° 以上。待日本第五航空战队想纠正错误的时候，就面临一个时间的问题：下午 14 时起飞，才能返航，这在当时并不是一个容易作的决定，但日本第五航空战队原忠一中将还是决定派 12 架轰炸机和 15 架鱼雷机于 14 时 15 分离舰，向预想的目标飞去，黄昏时分，这些飞机实际上是从美舰队上空飞过的，但由于天气原因而没有发现目标，等到返航时才发现美舰队，但这些战机已抛掉了炸弹，并遭到美军野猫战斗机的拦截。在暮色中，几个迷失方向的日本飞行员错误地试图在约克城号上降落。但由于识别信号不对，被高炮手发现并将其中的一架战机击落入海，另外几架战机慌忙逃入黑夜中。美军此时也意识到日海军航母就在附近，而决定这场海战结果的航空母舰之间的决斗必定在第二天进行。

5 月 8 日日出前最后一个小时，珊瑚海 200 海里内两军的四艘航母上做着同样的准备工作，侦察机都在日出前出发了。双方的飞机几乎将同时发现彼此的目标。

8 时 15 分，美军飞行在最北边的侦察机发回报告：敌人的航空母舰特遣舰队在列克星敦号东北约 175 英里的海面上以每小时 25 海里的速度向南行驶。仅仅几分钟以后，美国航空母舰的无线电台收到了日本人的报告，显然表明他们自己也被发现了。随后约克城号和列克星敦号共起飞 15 架战斗机、46 架轰炸机和 21 架鱼雷机，共 82 架飞机扑向日本舰队。一小时零三刻钟以后，美突击机队发现翔鹤号和瑞鹤号正向东南方向行驶，两艘航空母舰之间相距 8 英里，并且各由两艘重型巡洋舰和驱逐舰护航。

正当美国人利用宝贵的几分钟在团团积云里组织进攻的时候，翔鹤号趁机出动了更多的战斗机，瑞鹤号则躲进下着暴雨的附近海面。美军飞行员向着严密防卫的敌军航空母舰发起了首次进攻。鱼雷机和俯冲轰炸机被零式战斗机冲散，且由于缺乏配合，导致鱼雷被射进海里。只有 2 颗炸弹击中翔鹤号，翔鹤号飞行甲板上因燃油泄漏而起火。十多分钟以后，列克星敦号上的飞机赶来了，但难以发现厚厚的云层底下的敌舰，使进攻进一步的受挫。只有 15 架轰炸机好不容易发现了一个目标，但它们只有 6 架野猫式战斗机保护，很容易被零式战斗机冲散，鱼雷进攻再次失败，轰炸机又只投中一枚炸弹。

所剩的 43 架美军飞机返航时，却发现日军能够发动更有效的进攻。由于配有雷达，列克星敦号航母的战斗机指挥官在敌机仍然在东北方向七十多英里的空中时就能知道它们的到来，并起飞战机进行截击。但第 5 航空战队的 69 架舰载机在尚未受拦截之前已经分成了 3 个攻击队。当日鱼雷机队首先飞临美军约克城号上空时。由于该舰灵活地进行规避，日军战机的攻击未见成效。但是，在环形警戒序列中的 2 艘航空母舰都在自行进行规避，使这两舰之间的距离迅速拉大，警戒舰只也随之一分为二，从而削弱了对空防御，给日机以可乘之隙。日机对约克城号左舷投射 8 条鱼雷，均被该舰规避开。在随后轰炸机队开始对约克城号俯冲投弹。有一颗 800 磅的炸弹击中了该舰舰桥附近的飞行甲板，但仍能继续战斗。日鱼雷机队攻击列克星敦号时，成功地运用了夹击战术，从该舰舰首的两舷投射鱼雷。列克星敦号由于吨位较大，回圈半径较大，转弯不灵活，日机投射的 13 条鱼雷中有 2 条击中该舰左舷，使其锅炉舱有 3 处进水。

尽管列克星敦号被鱼雷和炸弹击中，产生 7 度横倾，但该舰调整燃油之后，恢复了平衡，继续接纳返航的飞机着舰。同时为战斗机加油以加强制空。但由于燃油泄漏，列克星敦号舰内突然发生爆炸，并引起大火，火势迅速蔓延，以致无法控制。下午 3 时左右，舰长下令全体舰员离舰。

日本"翔鹤"号航母搭载的鱼雷轰炸机被击落

3. 战役影响

珊瑚海海战对随后爆发的太平洋战争进程影响很大，那就是美军用 1 艘航母的沉没换取了日军 2 艘航母不能参加中途岛战役。否则在中途岛美日航母的比例将是 4 ∶ 6，而不是 3 ∶ 4，而从 1 个月后的中途岛大战来看，这种差别绝对是非常重要的。

同时，珊瑚海海战是海战史上第一次航母之间的较量，也几乎是太平洋战争中最公平的一役，从中可基本看出双方的战斗力。美国海军从中深刻地感受到航空母舰编队作战将是未来海战的主要模式，因此开始大力在随后的实战中采取这种模式，并最终赢得了太平洋战场上的胜利。这也开启了美军航母大发展的序幕。直到如今，美军的航母战斗群依然保持着全球霸主的地位。

▶▶▶ 中途岛海战中，美军是如何击败比自己强大的日本海军的

中途岛海战于 1942 年 6 月 4 日展开，是二战中的一场重要战役。美国海军不仅在此战役中成功地击退了日本海军对中途环礁的攻击，还因此得到了太平洋战区的主动权，所以这场战役可说是太平洋战区的转折点。

1. 战役背景

中途岛面积只有 4.7 平方千米，但是其特殊的地理位置决定了它战略地位的重要性。该岛距美国旧金山和日本横滨均为 2800 海里，处于亚洲和北美之间太平洋航线的中途，故名中途岛。另外它距珍珠港 1135 海里，是美国在中太平洋地区的重要军事基地和交通枢纽，也是美军在夏威夷的门户和前哨阵地。中途岛一旦失守，美军太平洋舰队的大本营珍珠港也将受到威胁。

若日本海军实现所定下的目标，那美国西岸就会直接遭到日本海军的威胁。由于美国其余的海军军舰已部署到北大西洋，因此在短期内就没有能力有效地在太平洋对日本海军进行反击。日本深知美国的军事潜力。美国巨大的工业生产能力一旦完全纳入战争轨道，日本就很少有获胜的希望。所以日本希望在这种情形出现之前就逼迫美国坐到谈判桌前，迅速结束与美国的战争。

日本在珊瑚海海战之后仅仅一个月就已经把中途岛拟定为下一个攻击目标。这不仅能报美国空军空袭东京的一箭之仇，还能打开夏威夷群岛的大门，防止美军从夏威夷方面出动并攻击日本。日本海军想借此机会将美军太平洋舰队残余的军舰引到中途岛一举歼灭。为达到该目的，日本海军几乎倾巢而出，投入大半兵力，舰队规模甚至超越了后来史上最大海战——莱特湾海战时的联合舰队，是日本海军在二战中最大的一次战略进攻，然而由于珊瑚海海战的牵制，使联合舰队少派遣了两艘航空母舰，即受伤的"翔鹤"，以及缺编飞行员的"瑞鹤"号，因此对作战造成了极严重的影响。

一些军事学者也认为，如果日本海军威胁或者真的攻击美国西岸的话，便会迫使美国把急需送往欧洲前线的军事装备转移到美国西岸，这不但会造成欧洲战区出现军需短缺的现象，甚至可能使欧洲战区再次失守，而让纳粹德国得到最后的胜利。

虽然攻击中途岛的计划被列为日本最高机密，但美国海军情报局与英国以及荷兰相关单位紧密合作，于 1942 年 5 月——中途岛海战打响前夕便成功破解了日本海军通信系统的部分密码，并判明了日本下一步的行动目标。依靠这一情报，美国太平洋舰队司令尼米兹召回了在太平洋西南方的航空母舰"企业"号、"大黄蜂"号，以及因为参与珊瑚海海战而正在珍珠港进行大修的"约克城"号，再加上约 50 艘支持舰艇，埋伏在中途岛东北方向，准备伏击前来的日本舰队。

2. 战役过程

6月4日上午4时30分，日军4艘航母开始派出舰载机空袭中途岛。赤城号和加贺号派出18架零式战斗机和36架九九式轰炸机，苍龙号和飞龙号则派出18架零式战斗机和36架九七式轰炸机。按照山本五十六的指示，在机库保留大约一半的舰载机，以应付随时出现的美军舰队。美军陆战队也派出中途岛的五架F4F和22架PBY，开始向西搜索日军航母舰队。陆军则派出15架B-17再次攻击田中赖三的登陆舰艇。

日本第一攻击波机群包括36架俯冲轰炸机、36架水平轰炸机和36架零式战斗机开始从4艘航空母舰上同时起飞，108架舰载机在友永文市海军大尉的率领下出发攻击中途岛。南云中将命令侦察机搜索东、南方向海域，第二攻击波飞机提到飞行甲板上，准备迎击美国舰队。但是重巡洋舰利根号的2架侦察机因为弹射器故障，起飞时间耽误了半个小时，筑摩号的1架侦察机引擎又发生故障被迫中途返航（这架飞机本应该正好搜索美国特混舰队上空），这给日本舰队埋下了祸根。美国舰队因为已经破解了日本海军"JN-25"的通信密码，从而对敌人的作战计划了如指掌。

"约克城"号航母被鱼雷击中引发大火

　　日本舰载机向中途岛发动了猛烈的攻击。驻扎在中途岛的美军战斗机也全部升空，迎击来犯的日本战机。美军的轰炸机，包括了 B-17 型轰炸机也向日本舰队发起攻击。友永丈市大尉率第一攻击波机群准备开始返航，并向南云中将发出了需要进行第二次攻击的电报。

　　美军方面，由战斗机、鱼雷机、俯冲轰炸机所组成的 117 架战机，从斯普鲁恩斯少将所率领的第 16 特混编队大黄蜂号及企业号升空，奔向 200 海里外的南云舰队。15 海里以外的弗莱彻少将率领的第 17 特混编队约克城号也起飞了 35 架战机。

美国海军舰队油轮被攻击后引发大火

　　首批从中途岛起飞的 10 架美军鱼雷轰炸机出现在南云舰队的上空。美军飞机排成单行，扑向日航空母舰。在日军战斗机的截杀和日舰猛烈的炮火下，很快就被击落了 7 架。

　　南云下令将赤城号和加贺号在甲板上已经装好鱼雷的飞机送下机库，卸下鱼雷换装对地攻击的高爆炸弹。南云接到利根号推迟半小时起飞的一架侦察机发来的电报，距中途岛约 240 海里的海面发现 10 艘美国军舰。南云命该侦察机继续查明敌人舰队是否拥有航空母舰，同时命令暂停对鱼雷机的换弹。就在南云等待侦察机的侦察结果时，空中再次响起了警报。40 余架从中途岛起飞的美军 B-17 轰炸机和俯冲轰炸机扑向南云的舰队。由于美军的轰炸机没有战斗机护航，结果很快被南云派出的零式战斗机击退。

　　随着空袭中途岛的第一攻击波机群返航飞抵日本舰队的上空，还有那些保护航空母舰的战斗机也需要降落加油，南云处于进退维谷的境地。第二航空母舰战队司令山口海军少将向南云建议"立即命令攻击部队起飞"。第二批突击飞机换装鱼雷还没有完成，如果马上发动进攻，也没有战斗机护航。而且舰上的跑道被起飞的飞机占用，那么油箱空空的第一攻击波机群会掉进海里。南云决定把攻击时间推迟，首先收回空袭中途岛和拦截美军轰炸机的飞机，然后重新组织部队以进攻美军特混舰队。

"赤城"号航母被击中后引发火灾

日军战机拍摄到的"约克城"号航母遭到打击

　　一队由美军大黄蜂号航空母舰上起飞的 15 架"复仇者"式鱼雷轰炸机发现了南云舰队。不幸的是，他们的燃油即将耗尽，而且没有战斗机护航。在自杀式攻击中，被零式战斗机和高射炮火全部击落，30 名飞行员除 1 人生还外全部遇难。由美军的攻击飞机甲板开始执行给护航的零式战斗机加油加弹作业，无法准备反击（这就是历史上著名的"命运 5 分钟"）。正当日军战斗机在低空忙着驱赶美军鱼雷机时，南云舰队的上空出现了 33 架由克拉伦斯·麦克拉斯基少校率领从企业号起飞的"无畏"式俯冲轰炸机。此时，日舰正在掉头转到迎风的方向，处于极易受攻击的境地。

　　第一架换班的防空日本战斗机飞离飞行甲板时。企业号的 33 架"无畏"式俯冲轰炸机，分成 2 个中队分别攻击赤城号航空母舰和加贺号航空母舰（此时该舰队没有做好放飞攻击编队的准备），接踵而来的是 17 架从约克城号航空母舰上起飞的"无畏"式俯冲轰炸机则专门攻击苍龙号航空母舰。日军的 3 艘航空母舰刹那间变成了三团火球，堆放在机库里的飞机以及燃料和弹药引起大爆炸，火光直冲云霄，短短 5 分钟，日本三艘航空母舰被彻底炸毁。

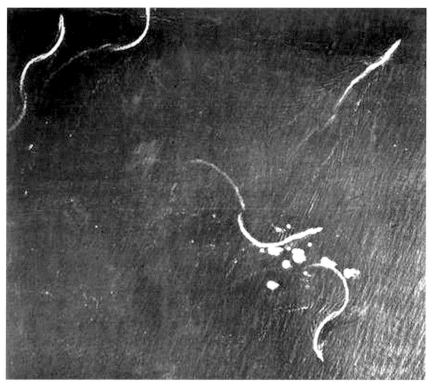

日军舰艇遭到攻击后采取规避动作

下午，10 架日军九七式鱼雷攻击机和 6 架零式战斗机又从飞龙号飞来，对受伤的约克城号发起了第二次攻击。约克城号被 2 枚鱼雷击中，左舷附近掀开两个大洞，并轧住了舰舵。

14 时 45 分，美军侦察机发现日军飞龙号航空母舰，斯普鲁恩斯立即命令企业号、大黄蜂号航空母舰的 30 架"无畏"式俯冲轰炸机起飞，去攻击飞龙号。

6 月 4 日晚 19 时，已经被摧毁的日军苍龙号、加贺号航空母舰先后沉没。6 月 5 日天亮，美军飞机一波又一波地轰炸负伤的日军巡洋舰三隈号、最上号，三隈号最终葬身海底，而重伤的最上号反而逃过大难，挣扎着回到特鲁克的基地。攻击结束以后，美军特混舰队随即撤离战场。

3. 泄密是祸根

在整个中途岛战役当中，日本共计出动 450 架飞机，8 艘航母，11 艘战列舰，23 艘巡洋舰，65 艘驱逐舰。而美国方面，由于在珍珠港遭受重创，只能出动 230 架飞机，3 艘航母，8 艘巡洋舰，11 艘驱逐舰，战列舰则一艘也没有。综合考量，日本的兵力是美国的 3 倍。虽然日军战略制定缜密，在战术执行中又有足够实力，但最终以日军惨败收场，这主要是日军的意图，早在战前就已经被美国人所洞悉。

日本海军从 1934 年开始发展现代密码体系。1934 年，日本海军从德国

九七式欧文印字机

买下一部"恩尼格马"商用密码机，他们改进了这部机器，造出了自己的密码机"九七式欧文印字机"。接着，日本外务省又改进了"九七式欧文印字机"，把它发展成

为日本整个外交系统广泛使用的战略级密码体制。这一体制被美国军情人员命名为"紫密"。

这份日本人苦心琢磨搞出的外交密码早在二战前就已经被美国人所破译。1940年8月，美国通信情报处就已经成功地破译了"紫密"，并利用这一优势全程监视日本驻美使馆与本国的通信往来。

在太平洋战争正式开始后，美国的密码破译人员不得不面对比"紫密"更为困难的日本军事密电码。这套被称作"海军暗号书 D"的密电码是由 1 万个五位数码组成的。非但如此，勤快的日本人还频繁更新这份密码，整个太平洋战争期间，为其升级达 12 次之多，使其破解起来相当有难度。

1942 年 1 月，日本海军的"伊号 124"潜艇奉命在澳大利亚海军基地达尔文港外海面铺设水雷，遭到美驱逐舰以及三艘澳大利亚快艇的围攻，很快沉没。由于沉没地点的水深只有 50 米，美国人得以轻松打捞其遗骸，并在其中发现了一份密码本。

在这份密码本的帮助下，美国人已经能读懂该密码 1/3 的用语，由于这些用语多是高频常用语句，这意味着日军电文中 80% 的信息对美国人毫无秘密可言。美军通过密码破译对日军的主攻方向，可以说此举直接决定了日本在中途岛的惨败，因为日方此次战役的策划者、联合舰队司令官山本五十六原先构想的，恰恰就是利用美国对于日本下一步主攻方向判断的不明晰，在中途岛打美军一个措手不及。由于密码遭到破译，日军攻击的突然性便荡然无存。

在中途岛开战前，美军参战军官甚至已事先得到了一份详细的日军主战意图的报告。这份报告叙述了敌人进攻中途岛的具体细节和时间。所以说，与其说以弱胜强，不如说美军获得先机，所以才能给予日军以沉痛打击。

4. 战役影响

中途岛海战改变了太平洋地区日美航空母舰的实力对比。此战过后，日军仅剩大型航空母舰 2 艘、轻型航空母舰 4 艘。从此，日本在太平洋战场开始丧失战略主动权，战局发生了有利于盟军的转折。此次海战的特点是双方海上战斗编队在舰炮射程之外，以舰载航空兵实施突击。日军失败的原因是过高估计了己方航空母舰的战斗力，同时在两个战役方向作战，导致兵力分散；情况判断错误，认为美军航空母舰来不及向战区集结；通信技术落后，缺乏周密的海上侦察，直至关键时刻也未查明美军航空母舰的位置；战场指挥不当，决心多变。美军获胜的原因是提前掌握了日军进攻企图，及时集结兵力等待时机；在日军鱼雷机大部损失的情况下，美军轰炸机连续俯冲轰炸，致使日军鱼雷机连机带雷爆炸，最终导致航空母舰被彻底摧毁。

>>> 为什么说瓜岛战役是日军太平洋战场上溃败的开始

瓜达尔卡纳尔岛战役，或简称瓜岛战役，行动代号为"瞭望台行动"，是同盟国部队在二战太平洋战区中战略计划的一部分，以保护美国、澳大利亚和新西兰之间的运输航线，也是盟军在太平洋反攻的开始。

瓜达尔卡纳尔岛战役以美军小型登陆战开始，随后日军为夺回岛屿而逐次增兵，并在海上、陆地、空中展开了空前的争夺，从而演化成了日本与盟军的决战。双方历时半年多的争夺，均损耗了大量的战舰、飞机，而日本的人员伤亡远超美军。最终，日本因无力进行消耗作战而选择撤军。美军最终完全占据瓜岛，而后夺取了所罗门群岛，获得了整个南太平洋地区的制海权，并开始进行战略反攻。

美军登陆瓜岛海滩

1. 战役背景

由于 1942 年 6 月中途岛海战的惨败，日军失去了战争初期在太平洋上的制海权和制空权，也失去了战略主动权，因此被迫停止了战略进攻。但日军并未意识到自己的实力已大为削弱，以及美军的实力、士气已大大增强，所以仍决定继续实施对南太平洋诸岛的进攻，计划先在瓜岛修建航空基地，派出航空兵，以掩护对新几内亚岛莫尔兹比港的进攻，进逼同盟国在南太平洋上的重要基地——澳大利亚，以重新夺回战略主动权。

美军海军陆战队在岛上休整

　　为实现这一战略企图，日本陆军部组建了第 17 军，总兵力约十三个大队，集结于新几内亚东部和俾斯麦群岛，担负攻占莫尔兹比港的任务。海军部则于 1942 年 7 月成立第 8 舰队，下辖第 6、第 18 战队、第 29、第 30 驱逐舰大队、第 7、第 13、第 21 潜艇战队，拥有包括重巡洋舰 4 艘、轻巡洋舰 3 艘在内的多艘军舰和潜艇，主力部署于拉包尔，以协同第 17 军作战。联合舰队还增派第 25 航空战队所辖的百余架岸基飞机进驻拉包尔，以提供空中掩护。

　　美军虽然在中途岛战役中取得了巨大胜利，使中太平洋地区的局面趋于稳定，但其在南太平洋仍比较被动。当日军于 1942 年 1 月占领拉包尔后，美国海军作战部长金上将就于 2 月提出占领图拉吉岛，以阻止日军的推进，保护美国至澳大利亚的海上交通。美国海军于 3 月派部队进驻新赫布里底群岛的埃法特岛，随即又向北占领了圣埃斯皮里图岛，并开始在这两个岛上修建机场。同时将精锐部队——海军陆战队第 1 师从本土运往新西兰。这就是瓜岛战役展开前的双方兵力部署。

美军陆战队在瓜岛巡逻

2. 战役过程

1942 年 8 月 6 日晚，美军登陆编队已到达距瓜岛约 60 海里的海域，借助恶劣天气的掩护，一直未被日军发现。在登陆编队航渡的同时，驻埃法特岛和圣埃斯皮里图岛的美军航空部队出动 B-17 轰炸机对所罗门群岛的日军进行了空袭压制。8 月 7 日凌晨 1 时，登陆编队到达距瓜岛 10 海里的海域，代号 X 射线的部队经萨沃岛南水道进攻瓜岛，代号 Y 射线的部队取道萨沃岛北水道进攻图拉吉岛。另外两个营为预备队。

随着美军指挥官一声令下，掩护编队的军舰开始炮击瓜岛日军阵地，随后从航母起飞的舰载机飞临瓜岛，进行猛烈的轰炸和扫射。在舰炮和航空火力支援下，美军部队登岸并逐步扩大滩头阵地，向纵深发展。由于日军的情报机关根本没能预见美军的登陆，因此岛上的日军毫无准备，美军一枪未发就成功上岸，到日落时已有 1.1 万余人登上瓜岛。但由于没有准确的地图，因此美军上岸后就在丛林中摸索前进，直到第二天早晨才到达机场。尽管瓜岛登陆战非常成功，但这是在日军几乎没有防御的情况下取得的。

日军在美军登陆前组织防线

　　但是登陆图拉吉岛的美军却遭遇了疯狂的抵抗。美军在炮火掩护下成功上岸，但向纵深推进不久就遇到了日军顽强抵抗，日军在海滩前沿组织防御，加上美军的炮火准备没能摧毁日军修筑在坚固山崖上的工事，当美军刚冲上岸立足未稳之际，被日军密集的火力压在海滩上，美军接连组织四次攻击，直到 8 日黄昏才肃清残敌占领这三岛。

　　日军感到了事态的严重性，决定立即发动反击，尽管此时它的军舰因执行各种任务而很分散，但他仍迅速集中附近的军舰，共 5 艘重巡洋舰、2 艘轻巡洋舰、1 艘驱逐舰于 8 月 7 日晚驶离拉包尔南下。

　　8 日 4 时，5 艘重巡洋舰各弹射起飞一架舰载侦察机，对瓜岛进行全面侦察，了解了美军舰队的兵力组成和所在位置，便决定实施夜战。由于美军舰队准备不足，虽然日军舰队实力较弱，但是仍然重创了美军舰队。

　　虽然日军取得了海战的胜利，但瓜岛上的日军由于补给匮乏，导致其处境越来越困难。此时美军由于基本上控制了瓜岛的制海权和制空权，因此可以顺利地向瓜岛运送援军和物资。1942 年 12 月初，美军海军陆战队第 2 师和陆军第 25 步兵师被运上瓜岛，接替了疲惫不堪的海军陆战队第 1 师。至 1943 年 1 月，美军在瓜岛的地面部队已达五万人，且补给充足，士气旺盛。

美军海军陆战队在测试无电信通信系统

美军"华盛顿"号战列舰在夜间向日军开火

在被美军封锁期间，瓜岛日军仅靠潜艇运送的为数极少的粮食补给，根本不能满足其日常需要，因此官兵多以野果、野菜和树皮充饥，导致痢疾、疟疾、疥癣等热带疾病流行，连生存都成了问题，最终日本海军提出放弃瓜达尔卡纳尔岛。同时，大本营内一些陆军参谋人员也认为进一步增兵夺回瓜达尔卡纳尔岛是不可能的。

在瓜岛的地面作战中，美军共阵亡约 5000 人，伤约 6700 人，损失军舰 24 艘，运输船 3 艘，飞机约 250 架。日军共有约 5 万人丧生，损失军舰 24 艘，运输船 16 艘，飞机 892 架。

美军正在转送伤员

3. 战役影响

在瓜岛战役中，日军不仅没能实现重新夺回战略主动权的作战企图，反而使其军事实力进一步被削弱，最终完全丧失了战略主动权，陷入了被动的困局。从此以后，日军不得不从战略进攻转为战略防御，处处设防，步步被动，直至战败。

美军"企业"号航母遭到日军舰载机的打击

惨烈的海岸战场

　　日本在瓜达尔卡纳尔岛战役中无论是物质损失还是人力都付出了昂贵的代价，这直接导致日本未能实现其在新几内亚战役中的目标，同时也失去了所罗门群岛南部的控制权，且未能有力制止盟军到澳大利亚的航运。最重要的是，日本的地面部队稀缺，空、海军部队已永远在瓜达尔卡纳尔的丛林和周边海域消失。日本的飞机和船只被毁，在这场战役中沉没的舰船以及训练有素和经验丰富的飞行队员，尤其是海军机组人员，其补充速度完全比不上同盟国。

　　瓜达尔卡纳尔是中途岛之后日本的再次失败，也是日本从战略优势走向劣势的转折点，从世界范围来看，1942 年底盟军在瓜岛的反攻和胜利，与同时期的斯大林格勒会战、阿拉曼战役一起，成为同盟国进入战略反攻阶段的开始。

▶▶▶　"蛙跳战术"是什么

　　"蛙跳战术"也称为跳岛战术，是二战后期美军为收复日军占领的亚洲和太平洋地区岛屿时所使用的战术。蛙跳战术就是不采行逐一收复各岛的战法，而是在收复一个岛屿后，跳过下一个岛屿，攻占下下一个岛屿，特别是跳过防守比较坚强顽抗的岛屿。接下来以海空封锁的方式来孤立被敌方占领的岛屿，这样不仅可以减少自身损失，而且可以大幅削弱守岛敌军的战斗力，同时其战略意图可以更快实现。

　　美军之所以可以实施"蛙跳战术"，这与其强大的工程能力和后勤供应能力有关，不仅可以快速地建立前进机场和港口，再对绕过的日军据点进行海空封锁，而且有足够的军力保护前进基地不受日军的反攻。

1. 战术缘由

　　"蛙跳战术"的产生与 1943 年的太平洋战争双方陷入拉锯战不无关系。以美国为首的盟军开始反攻，日军则负隅顽抗。南太平洋上岛屿星罗棋布，双方逐岛争夺，战争异常艰难。为了加快战争进程，一个大胆的想法在美军的两大名将麦克阿瑟和尼米兹的脑海里产生了：放弃一线平推的传统做法，跳跃前进，越岛攻击。太平洋战区的盟军在他们的指挥下，两路并进，利用海军优势，避开日军的一线防御要点，攻取其战略纵深中守备较弱的岛屿，得手以后再以此为支撑继续开展进攻，从而使战争的进程大大加快，仅用半年多时间即突破了日军的内防圈。

美军海军陆战队登陆

2. 战术应用

二战时的"蛙跳战术"是以海军为"跳板",主要运用于登陆作战。不过在二战后,随着美军空中力量的不断提升,"蛙跳战术"逐渐成为美军空降作战的主要方式。比如,在1983年举世震惊的美军入侵格林纳达战争就是一场典型的"蛙跳战术"的伞降作战。美军指挥官摒弃抢滩上陆的传统战法,直接依靠空降兵越过格军的防御阵地抢占机场。空降兵在150米超低空跳伞,船不泊岸,兵不湿靴,在短短4天内即解除了格军的武装。

在海空军都具备了"蛙跳战术"的能力之后,美军将"蛙跳战术"在联合作战的背景下进一步扩展,提出了"非线性作战"理论。不过,这并不意味着"蛙跳"战术历史使命的终结。可以预见,在信息化战争中,曾经作为打破线性作战模式"尖兵"的"蛙跳"战术仍将以其突破惯性思维的创新火花来启迪人类的军事智慧。

"蛙跳战术"也可能造成大量伤亡

3. 战术局限

　　海战运用"蛙跳战术"，可以通过舰艇绕行或空中投放展开；而陆战运用"蛙跳战术"，只能通过空中投放才能完成，这种实施条件对空军装备要求非常高，比如，在攻克地面阵地时，可以通过在其后方投放军力和装备，避开防守严密的区域，从后方展开攻击，这样前后夹击，瞬间就能把敌军的优势防御化解掉。这种空运机动的战术调动，美军在越战中经常使用，比如，美军一个炮兵营就曾成功运用蛙跳战术，瓦解了一场被包围近40天的攻坚战。

　　在这场战事中，美军一共出动了大型直升机支奴干6000余架次，飞行时间超过2.8万小时，投放战略物资1.4万吨，这次行动只是将一个炮兵营不断转场，在不同位置展开攻击。在现代战争中，"蛙跳战术"依靠绝对的制空力量才可以完成。而目前全世界具有可以执行这个战术的国家并不多。尤其是在大型战争中，一旦军力不济，"蛙跳战术"甚至会变成自杀行为，得不偿失。

"蛙跳战术"核心就是海陆空协同作战

　　"蛙跳战术"其实对现代战术颇具启蒙作用，比如如何协调兵力的综合优势，降低对方的作战实力等。当然"蛙跳战术"并不是万能的，只要己方的战略战术得当，这个战术成功的概率将大大降低。

美军登陆太平洋日军占领的岛屿

"硫磺岛战役"到底有多么惨烈

硫磺岛战役是二战太平洋战争中日本与美国之间爆发的一场战役，双方自 1945 年 2 月 19 日战斗至 3 月 26 日。硫磺岛战役是太平洋战争中最激烈的战斗之一，其间日军顽强坚守硫磺岛，但美军经过浴血奋战后最终还是将其占领。随后，美军将该岛建设成供战斗机和轰炸机起飞降落的机场，大幅增强了对日本政治和经济工业中心进行战略轰炸的效果，加速了日本帝国主义的灭亡。

大批美军准备在硫磺岛东岸登陆

1. 战役背景

美军计划占领加罗林群岛及帕劳群岛，这样日本本土和日军通向南面及西面的通道将被切断，而且美军新型的 B-29 超级堡垒轰炸机可直接轰炸日本本土，对日本帝国主义进行全面打击。在日本偷袭珍珠港时,日军在关岛有一个将近 3800 人的军事基地和一个 1400 人的海军基地。驻有水上飞机、电台、气象站,猎潜舰、布雷舰等舰艇。在硫磺岛有一个飞机场,有 20 架战斗机和 1500 名海军驻扎在这里。

1944 年 2 月,当美军占领马绍尔群岛后,日军加强了硫磺岛的军事力量,在硫磺岛上的军事力量达到 5000 人,13 门火炮,200 挺轻重机枪,4552 支步枪,12 架高射炮,30 挺 25 毫米口径 2 联装高射机枪,此外还有 120 毫米口径的火炮。硫磺岛和小笠原诸岛成为防止美军空袭日本本土的最后一道防线。因为当时日本已经全面丧失了太平洋的制海权和制空权。一旦硫磺岛被突破,那么日本本土就会直接暴露在美军航空部队的打击范围之内。

在发动打击之前,美军组织飞机、潜艇全力出击,企图切断硫磺岛的增援和补给,驻岛日军已经知道自己即将面对致命打击,所以他们开始加强岛内的防御阵地,以期临死之前可以给登岛作战的美军以最后也是最凶狠的打击。这也是硫磺岛之战为什么会成为太平洋上最残酷、最艰巨的登陆战役的原因。

美军战舰攻击日军,为登陆扫清障碍

2. 战役过程

自 1945 年 2 月 9 日起，由黑尔少将指挥的第七航空队 B—24 轰炸机只要天气允许，几乎每天都会出动对硫磺岛进行轰炸。一直到 1945 年 2 月 19 日，美军才开始发动登陆战。

美军登陆后在滩头展开

当日凌晨 6 时，美军的登陆编队到达硫磺岛海域，美军舰炮支援编队的 7 艘战列舰、4 艘重巡洋舰和 13 艘驱逐舰开始直接火力准备，航母编队一边负责空中掩护，一边出动舰载机参加对硫磺岛的航空火力准备。这次火力准备，时间虽短，但因为天气晴朗，目标清晰，效果比较理想。8 时 30 分，第一波 68 辆履带登陆车离开出发点，向滩头冲击。8 时 59 分，舰炮火力开始延伸射击。部队一开始登陆非常顺利，日军的抵抗十分微弱，只有迫击炮和轻武器的零星射击，美军遇到的最大阻碍是岸滩上的火山灰，由于硫磺岛的岸滩全由火山灰堆积而成，土质松软异常，履带登陆车全部陷在火山灰中，难以前进，后面的登陆艇一波接一波驶上岸，却被这些无法动弹的履带登陆车阻挡，根本无法抢滩登陆，艇上的登陆兵只好涉水上岸。

美军乘坐登陆舰登陆

此时登陆部队看到日军只有零星的抵抗，美军甚至认为只需 5 天就可占领全岛。但当登陆的美军才推进了 200 余米，等美军炮火开始延伸时，日军炮火就准确覆盖了登陆滩头，一时间，美军被完全压制在滩头，伤亡惨重，前进受阻。

硫磺岛上的美军每前进一步，都要付出巨大的代价，战斗已经成为不折不扣的消耗战，有时一整天只前进 4 米，惨重的伤亡甚至使军官们都没有勇气再将士兵投入战斗。比如，在对岛上第二制高点 382 高地的争夺中，陆战四师屡屡陷入日军的交叉火网，伤亡极其惨重，382 高地因此被称为"绞肉机"，战斗部队的伤亡高达 50% 以上，有经验的连长、排长和军士长伤亡殆尽，许多连队连长由少尉或上士担任，而排长、班长大都由普通士兵担任。美军必须逐一消灭侧翼的日军阵地，解除侧翼威胁，才有可能向前推进，所以战斗异常残酷、激烈。

携带火焰喷射器的美军士兵

美军使用重机枪扫射日军阵地

　　1945年3月7日，美军发动总攻，担负中央突破的陆战三师快速推进，并于两天后攻到了西海岸，占据了一段约800米长的海岸，将日军分割为两部分。1945年3月9日美军占领了尚未完工的三号机场。直到3月16日，东北部的800余日军才被歼灭，美军于当日18时宣布占领硫磺岛，但战斗仍在继续，与残余日军的战斗一直持续到了4月底。

美军使用重炮攻击在工事内的日军

　　硫磺岛战役，日军守备部队阵亡 22 305 人，被俘 1083 人，共计 23 388 人。日军其他损失为飞机 90 余架，潜艇 3 艘。美军阵亡 6821 人，伤 21 865 人，伤亡共计 28 686 人。

　　美军登陆部队伤亡人数占总人数的 30%，陆战三师的战斗部队伤亡 60%，而陆战四师、五师战斗部队的伤亡更是高达 75%，第五两栖军几乎失去了战斗力。在此次战役中，海军陆战队的伤亡之高也是其之前在太平洋战争中绝无仅有的。战后，尼米兹对参加过硫磺岛战役的陆战队员给予了高度的赞扬："在硫磺岛作战的美国人，非凡的勇敢是他们共同的特点！"美军还有一艘护航航母被击沉，航母、登陆兵运输舰、快速运输舰、中型登陆舰、扫雷舰、运输船各一艘、坦克登陆舰两艘被击伤。

　　美军为攻占硫磺岛所付出的人员伤亡比日军还多，这是太平洋战争中登陆一方的伤亡超过抗登陆方的唯一战例，日军在失去海空支援，又没有增援补给的情况下，以地面部队凭借坚固而隐蔽的工事，进行了顽强的抵抗，使美军原计划 5 天攻占的弹丸小岛，足足打了 36 天，并付出了惨重的人员伤亡代价。

美军在硫磺岛折钵山顶峰上升起美国国旗

　　这场战役也诞生了战争史上一张著名的照片，美军当时冲上了硫磺岛制高点——折钵山山顶，因而决定升起美国国旗。记者乔·罗森塔尔知道此消息便大喊着冲上了折钵山，可是国旗已经升上去了，此时岛上战事正酣，这面星条旗极大地鼓舞了美军的士气。为了让更多的人看到山顶的旗帜，美军决定换一面更大的国旗。因此，指挥员命令779号坦克登陆舰紧急将一面更大的国旗送上岸。希勒中尉小分队中的6名官兵奋力将这面大旗插上折钵山山顶。这一激动人心的场面正好被错失上次良机的美联社记者乔·罗森塔尔拍了下来。这张照片也鼓舞了全世界反法西斯的人们，最终击溃了日本帝国主义。

3. 战役影响

美军的巨大代价很快就得到回报，当美军登陆后，工兵部队就上岛抢修扩建机场，至1945年4月20日，上岛的工兵部队已有7600人，将一号机场跑道扩建为3000米，二号机场的跑道扩建为2100米，使硫磺岛上不仅进驻了战斗机部队，还成为美军B-29轰炸机的应急备降机场。美军战斗机部队进驻硫磺岛后，其作战半径就覆盖了日本本土，能有效掩护轰炸机对日本本土的战略轰炸，从而大大加速了日本的崩溃进程。

美军登陆遭到猛烈的阻击，损失惨重

而美军在硫磺岛的惨重伤亡，也使美军的高层意识到如果进攻日本本土，一定会遇到比在硫磺岛更顽强的抵抗，美军的伤亡将会更惨重。因此，日后美国对日本使用原子弹，很大程度上是出于担心在日本本土登陆将会遭到硫磺岛那样的巨大伤亡。

二战中最大规模的航母大战是哪次战役

菲律宾海海战是二战中太平洋战场上美国海军与日本海军间的一次海战，是世界战争历史上迄今为止最大的航空母舰对决，海战进行的时间从 1944 年 6 月 19 日持续至 6 月 20 日，战场在马里亚纳群岛塞班岛附近海域。

1. 战役背景

从 1942 年下半年到 1943 年上半年，盟军借由中途岛海战和瓜达尔卡纳尔岛战役的胜利，夺得了太平洋战场上的主动权。为了进一步削弱日本的工业实力，盟军需要占领马里亚纳群岛作为 B-29 战略轰炸机基地。日本也意识到美军的企图，希望在美军攻击马里亚纳之际，由小泽治三郎中将带领的 9 艘航空母舰组成的机动部队对美军第五舰队进行致命的打击。双发都派遣了自己最具有战斗力的舰队参与了此次战役，美军的第五舰队负责掩护登陆马里亚纳的部队并由舰队指挥官担任战役总指挥，登陆部队则由第 51 特遣舰队进入马里亚纳海域，对附近机场、港口的飞机和船只进行封锁及压制，以夺取空军基地。而日本方面也寄希望于岸基飞机与航空母舰机动舰队挑起海上大决战，试图一口气打败盟军主力舰队并扭转劣势。

2. 战役过程

美军第五舰队与联合远征军部队在 6 月 13 日收到日本舰队出动的情报，而在 18 时 35 分，美国潜艇飞鱼号在圣贝纳迪诺海峡发现一支日本舰队，而美国潜艇海马号在菲律宾苏里高海峡北部岷答那娥附近也发现另一支日本舰队。美军从大量的情报中判断日军有支援马里亚纳的企图，因此美军指挥官推迟登陆关岛的时间，于 17 日召回刚夺取硫磺岛航空兵力的第 1 与第 4 支队，并从联合远征军舰队抽出 8 艘巡洋舰、21 艘驱逐舰来强化第 58 特遣舰队的军力。18 日中午，五个特遣群共 15 艘航空母舰摆开阵势，其中以 7 艘战斗舰为主的第 7 支队摆在日本舰队与 4 个航舰特遣群之间，以防日本水面舰队接近美国航空母舰。

15 日晚上 6 时，日本舰队共 9 艘航空母舰，搭载 400 余架飞机，还有 5 艘战列舰（包括 2 艘世界最大的大和级战列舰）进入菲律宾海，此时，双方舰队发觉彼此的存在后，这场史上最大的航空母舰战役与舰载机空战由此爆发。

美军 SBD-5 舰载轰炸机从"企业"号航母上起飞

日军攻击美军航母

美军"北卡罗来纳"号战舰主炮射击

　　日方派出多架侦察机获悉了美国舰队动向，并于 19 日上午由 69 架日军战机发动第一波对第五舰队攻击，然后由 128 架飞机又发动了最大的一波攻势。随后还有第三、四波攻击，共计 326 架次，企图以大量的战机一举击破美军的空中防线。

　　第一波日机虽然先发制人发动攻击，但同时也浪费了不少时间调整机群，使美军有时间迅速爬升至与日机相同的高度，美军以 F6F 地狱猫战斗机和 F4U 海盗式战斗机对日本飞机进行拦截，日机主力零式战斗机在太平洋战争初期所向披靡，但此时也已非美国地狱猫式战斗机和海盗式战斗机的对手，飞机数量、性能以及自中途岛战役后逐渐拉大的双方飞行员素质，使日机完全无法应付美机的攻击，连接近美军航空母舰都没有可能，只能拼死对前方的美军战列舰群发动进攻。

　　而且美军在战斗中使用了新型防空炮弹——短发 VT 引信炮弹，此种炮弹可以侦测飞机是否进入其爆炸杀伤范围，一旦进入其爆炸杀伤范围即会引爆，效率为传统防空炮弹数倍，太平洋战争后期被高炮击落的飞机有一半是被 VT 引信炮弹击落的。在美国战机与美舰强大防空火炮之拦截下，日本第一波攻击机群损失 42 架战机，仅三四架飞到美军第 7 支队上空并命中南达科他号战列舰一枚炸弹，没有一架飞到美国航空母舰上空。

美军航母战斗群驶向战场

被日军寄托最大希望的第二波攻击同样被美国战机拦截，美国 F6F 与 F4U 战机围着技术欠佳、性能落伍的日机穷追猛打，形势瞬间演变成空中大屠杀，至少有 70 架日机在这波拦截中被击落。用美军当时其中一名飞行员的话来形容，就是："这好像传统的射火鸡大赛！"后来有人将当日的空战戏称为马里亚纳射火鸡大赛。

"企业"号航母甲板被击中

美军士兵在观看两军战机在空中格斗

　　第二波日军攻势只有 20 架战机突破重围，但是由于数量太少，无法对美军军舰进行有效打击，此次攻击其实也以失败而告终。第二波攻击日方战机共折损 97 架，另外侥幸逃生的 31 架则返回舰队，而美军却几乎未受损失。

　　虽然美军的舰载机取得了对日本舰载机的压倒性胜利，可是始终未能对日方舰队给予打击。但是此时美军的潜艇部队却扮演了关键角色，潜艇大青花鱼号潜航时发现了日方的舰队，击伤击沉了日方多艘航母，其中包括大凤号和翔鹤号。

　　而当日方的 2 艘大型航空母舰被击沉的时候，日方的舰载机正飞向马里亚纳去攻击美军，而这两次攻击也毫无效果，还被美军舰载机击落多架战机。

　　在 19 日当天战斗结束时，战役结果已大致分晓。日方舰队被美国潜艇击沉 2 艘航空母舰，派出的 326 架舰载机中仅 130 架返回日本航空母舰。美方取得史上最大舰载机空战的压倒性胜利，空战中仅仅损失 23 架战机，其中 6 架飞机在操作时意外损毁，此外仅有 2 艘航空母舰、2 艘战列舰受到轻微损伤。

美军舰载机在"列克星敦"号航母 CCV-167 降落

虽然随后美日之间仍然爆发了多次战斗，但是由于双方实力悬殊，日方舰队最终全军覆灭，只有少数战舰逃离战场。美国第五舰队第58特遣舰队在这场海战中重创日本海军主力第一机动舰队，一举夺得西太平洋的制海权并巩固了在塞班建立起的阵地，美军仅付出76人阵亡、损失123架飞机、4艘军舰轻伤的极小代价，便给予敌人3艘航空母舰、2艘油轮及600架飞机被击毁的巨大伤害。从此日本航空母舰部队再也无力与美军抗衡，而且马里亚纳群岛完全被美军控制，美国陆军航空兵的大型远程战略轰炸机B-29得以进驻，并投下大量凝固汽油弹对日本本土进行战略轰炸。

而日本海军大量的精英飞行员早在中途岛海战、圣克鲁斯群岛战役、拉包尔空战中大量损失。新手飞行员又因人力和物力的差距导致训练不足，其引以为傲的海军航空队早已不复存在。

3. 战役分析

此役日本失利的主要原因是航空工业技术的不成熟，舰载机普遍缺乏防弹能力，因漠视飞行员生命致使多人战死，最终导致兵员素质骤降。而日本海军航空兵的零式战斗机虽然在战争前期拥有压倒性的优势，但在面对美军的新型舰载机F6F地狱猫战斗机时，已是相对老旧的机种，其后继新型战斗机烈风由于在选用引擎上有所争议，以及日本海军过高的性能要求，迟迟无法投入量产，最终导致日本海军必须使用旧型机种迎战盟军的新锐战机。

此外，美军新一代的雷达性能优越，不仅可以侦察来犯敌机的数量，还能测算飞行速度和高度。日军也有雷达，但是他们并不重视这种防御装置，因此雷达性能差强人意，只能知道敌人大致的方位和距离，操作起来十分困难，甚至需要士兵用手去调节天线角度。这样的雷达在战斗中当然没有什么用处。

▶▶▶ 为什么说"诺曼底登陆"是二战最经典的战役

诺曼底战役发生在1944年，是二战中西方盟军在欧洲西线战场发起的一场大规模攻势战役，是霸王行动的一部分。这场战役在1944年6月6日展开，是迄今为止人类近代历史上规模最大的一次海上登陆作战，近300万盟军士兵横渡英吉利海峡后在法国诺曼底地区登陆。

盟军先后调集了36个师，总兵力达288万人，其中陆军有153万人，相当于20世纪末美国的全部军队。从1944年6月6日至7月初，美国、英国、加拿大的百万军队，17 万辆车辆，60 万吨各类补给品，成功地渡过了英吉利海峡。7 月 24 日，战争双方约有 24 万人伤亡、被俘，其中盟军伤亡 12.2 万人，德军伤亡和被俘 11.3 万人。至 8 月底，盟军一共消灭或重创德军 40 个师，击毙和俘虏德军集团军司令、军长、师长等高级将领 20 人，缴获和摧毁德军的各种火炮 3000 多门，摧毁战车 1000 多辆。德军的 3 名元帅和 1 名集团军司令先后被撤职或离职，损失飞机 3500 架，坦克 1.3 万辆，各种车辆 2 万辆，人员 40 万。诺曼底登陆成功，美英军队重返欧洲大陆，使二战的战争态势发生了根本性变化。

诺曼底海滩德军的防御工事

1. 战役背景

早在 1941 年 9 月，斯大林就向丘吉尔提出在欧洲开辟第二战场对德国实施战略夹击的要求，但当时美国尚未参战，英国根本无力组织这样大规模的战略登陆作战。对于苏联的建议，英国的回应只是派出小股部队对欧洲的德占区实施偷袭骚扰。1942 年 6 月，苏、美、英发表联合公报，达成在欧洲开辟第二战场的充分谅解和共识，但英国在备忘录中对承担的义务作了一些保留。

1942 年 7 月，英美伦敦会议决定于 1942 年秋在北非登陆，而把在欧洲开辟第二战场的计划推迟到 1943 年上半年。但此时苏德战场形势非常严峻，德军已进至斯大林格勒，苏联强烈要求英美在欧洲发动登陆作战，以牵制德军减轻苏军压力。英国只好仓促派出由 6018 人组成的突击部队在法国第厄普登陆，结果遭遇惨败，伤亡5810 人，伤亡率高达 96.5%。

1943 年 5 月，英美华盛顿会议决定于 1944 年 5 月在欧洲的德占区大陆实施登陆，开辟第二战场。根据历次登陆作战的经验教训，登陆地点要具备以下三个条件：一是要在英国机场起飞的战斗机半径内，二是航渡距离要尽可能短，三是附近要有大港口。那么从荷兰符利辛根到法国瑟堡长达 480 千米的海岸线上，以此条件衡量，有三处地区较为合适，即康坦丁半岛、加莱和诺曼底。

康坦丁半岛地形狭窄，不便于大部队展开，最先被否决。加莱和诺曼底各有利弊，加莱的优点是距英国最近，仅 33 千米，而且靠近德国本土；缺点是德军在此防御力量最强，守军是精锐部队，工事完备坚固，并且附近无大港口，也缺乏内陆交通线，不利于登陆后向纵深发展。诺曼底虽然距离英国较远，但优点一是德军防御较弱，二是地形开阔，可同时展开 30 个师，三是距法国北部最大港口瑟堡仅 80 千米。几经权衡比较，盟军最终选择了诺曼底作为登陆点。盟军于 1943 年6 月 26 日起制订具体计划，以"霸王"为作战方案的代号，以"海王"为相关海军行动的代号。初步计划以 3 个师在卡朗坦至卡昂之间 32 千米宽的三个滩头登陆，即后来的"奥马哈""金""朱诺"滩头，同时空降 2 个旅。第二梯队为 8 个师，将在两周内占领瑟堡。7 月 15 日，摩根将"霸王"计划大纲呈交英美联合参谋长委员会。

2. 战役过程

在诺曼底登陆战中，首先投入作战的是盟军空降兵，他们的任务是在登陆滩头两侧距海岸 10 ～ 15 千米的浅近纵深空降，阻止敌预备队的增援，并从侧后攻击德军海岸防御阵地，以配合海上登陆。由于在最初的 1 ～ 2 天里，盟军只登陆了 6 ～ 8个步兵师，只有在建立起可供装甲师展开的大型登陆场后，才能将装甲师投入作战。如果在装甲部队登陆前德军突破了登陆部队的防线，将会给登陆带来灭顶之灾。所以空降兵的行动在登陆初期对于登陆胜利是至关重要的。

英国第 1 空降师是最早投入战斗行动的部队。他们早在午夜就被空投到登陆地区的左翼地区，他们的目标是夺取佩加索斯桥附近的桥梁，以防止德军的装甲部队前往海岸增援。空降兵们迅速占领了这些桥梁并成功地控制了它们。

而美军第 82 和第 101 空降师的空降行动则不是很顺利，由于没有有经验的领航员，加上地面情况复杂，空降部队散落在各处。24 小时过后，101 师只集合起约

3000 人。但是，从整体战略上来看，盟军此举却是因祸得福。空降兵们被投放在整个诺曼底，使德军陷入一片混乱。空降兵们各自为战，分散了德军的兵力，取得了不小的战果。并且他们使德军指挥官大大高估了空降兵的人数，调动了更多不必要的军力，从很大程度上分散了海滩登陆场的压力。很多盟军士兵人在 1944 年 6 月 6 日后的很多天仍在敌后独自战斗。电视连续剧《兄弟连》中就有相关桥段的描写。

美军使用登陆艇登陆

　　尽管盟军的空降存在不少问题，但总体来说仍取得了很大成功。盟军的空降部队在登陆的最初时间里夺取了至关重要的交通枢纽、桥梁、海滩通路，摧毁了德军的炮兵阵地，破坏了德军防御的稳定性，牵制了德军的预备队，使德军处于被动局面，为登陆的胜利创造了条件。

　　而陆军登陆作战则是以奥马哈海滩最为出名，它是诺曼底登陆战役中战斗最为激烈的海滩。盟军在奥马哈滩头遭受了巨大的损失，仅阵亡者就达 2500 人，因此又称"血腥奥马哈"。电影《拯救大兵瑞恩》中开始那一段经典的战争场面就取材自奥马哈海滩。

　　奥马哈海滩全长 6.4 千米，海岸多为 30 多米高的峭壁，地形易守难攻。这里的登陆作战任务由美军第九军承担。由于情报有误，导致盟军认为这里的德军守备部队只有一个团的兵力，还多是后备役人员，没有装甲车辆，从而判断德军战斗力很差。而实际上隆美尔在 3 月将德军精锐的 352 步兵师全部调往诺曼底，而 352 师的一个主力团就驻守在奥马哈滩头。

　　登陆当天天气状况极端恶劣，盟军在登陆前就因风浪过大损失了 10 艘登陆艇和 300 余名官兵。在登陆艇上的官兵多为晕船和湿冷所苦，还没到达作战地点就基本上筋疲力尽了。登陆作战开始后也非常不顺，海滩西段预备的 32 辆水陆坦克中有 27 辆刚一下海就因风浪过大而沉没，幸存的 5 辆坦克中还有 2 辆很快被德军炮火炸毁。由于潮汐影响和秩序混乱，登陆的美军士兵很多都搞不清方向和集合点，大批士兵挤在滩头任凭德军炮火攻击。整整两个小时的时间里美军没有一名士兵在西段冲上海滩，在东段也仅仅占领了 9 米宽的一段海滩，登陆行动几乎完全失败。

登陆士兵翻越壕沟

美军第二步兵师登陆海滩后集结出发

　　然而美国海军为奥马哈海滩带来了转机。由于海滩登陆部队长时间没有任何联络信息，海军指挥官意识到奥马哈海滩上的形势可能已经极为严峻，于是 17 艘驱逐舰不顾触雷、搁浅和被 155 毫米海岸炮炸翻的危险，前进至距海滩仅 730 米处，在近距离为登陆美军提供火力支援。而美军的敢死队此时也爬上了霍克海角，结果发现德军所谓 155 毫米海岸炮居然是电线杆伪装的。没了后顾之忧的海军肆无忌惮地向德军据点倾泻了大量炮弹，先前被堵在海滩上的美军也在精锐部队第一师的带领下开始冲锋。中午时分登陆部队第二梯队提前登陆。而在空军的指引下，美国海军的战列舰和巡洋舰也开始对岸射击，德军的防御至此基本崩溃。

盟军舰队登陆后，在滩头搭建作战基地

3. 战役分析

诺曼底登陆战役是世界历史上迄今为止规模最大的两栖登陆战役，是战略性的战役，其为开辟欧洲的第二战场奠定了基础，盟军登陆成功的主要原因有以下几点。

（1）成功进行了战略欺骗，使德军统帅部判断错误，不仅保障了登陆作战的突然性，还保证了战役顺利进行，对整个战役具有重大影响。盟军通过海空军卓有成效的佯动，成功运用了双重特工、电子干扰，以及在英国东南部地区伪装部队及船只的集结等一系列措施，再加上严格的保密措施，使德军统帅部在很长时间里对盟军登陆地点、时间都作出了错误判断，甚至在盟军诺曼底登陆后仍认为这只是牵制性的佯攻，这就导致了德军在西线的大部分兵力、兵器被浪费在加莱地区，而在诺曼底的兵力则因势单力薄从而无法抵御盟军的进攻。

盟军登陆舰艇携带拦截气球，以防止德军空中袭击

（2）掌握绝对制空权、制海权。这是盟军登陆成功的重要原因。盟军投入作战的飞机达 13 700 架，军舰 9000 艘，是德国飞机、军舰的数十倍。在登陆前空军对德国空军基地、航空工业及新武器研制基地等目标进行了大规模轰炸，严重削弱了德国的战争潜力。盟军凭借绝对优势的海空军，保障了登陆部队在航渡中的安全。在登陆前后，盟国空军对战区范围内的交通线进行了严密的空中封锁，使德军为数不多的增援部队也无法及时成建制地投入反击作战。在登陆部队突击上陆的关键时刻，海空军更是给予了极为有力的火力支援，尤其在奥马哈海滩，登陆部队完全是依靠海空军火力支援才取得了成功。

（3）充足的物资准备和周密的侦察保障。盟军为确保登陆成功，进行了长达近一年的准备，而且参战部队多、装备全，登陆前盟军作战物资和装备器材的准备十分充足。在登陆后，也保障了不间断的后期补给，尤其是创造性的人工港和海底输油管线，更是在保障部队和物资的顺利上陆中发挥了巨大作用。而在侦察保障中，一面作为战略欺骗对加莱地区组织了侦察，一面对诺曼底地区进行了大量水文、气象、地质侦察，为选择具体登陆时间和登陆地点提供了大量有价值的数据。还通过空中侦察基本上获得了诺曼底地区的德军兵力部署、防御设施等情况，为战役的实施奠定了重要基础。

空中俯瞰奥马哈海滩登陆场景

（4）恶劣天气的影响。天气是影响登陆作战的关键因素之一。由于恶劣天气的影响，盟军不仅将登陆时间由 1944 年 6 月 5 日推迟到 6 月 6 日，而且在空降作战、海上航渡、火力准备等过程中都遇到不小的困难。但也正是恶劣天气使德军丧失了必要的警惕，从而增加了登陆的突然性。

4.战役影响

诺曼底登陆的胜利，宣告了盟军在欧洲大陆第二战场的成功开辟，并意味着纳粹德国将陷入两面作战的被动局面，减轻了苏军压力的同时，也能协同苏军有力地攻克柏林，迫使法西斯德国提前无条件投降。从而促使美军把主力投入太平洋对日全力作战，加快二战的结束进程。

盟军士兵乘坐登陆艇登陆前

为什么说原子弹的投放加速了日本无条件投降

原子弹（Atomic bomb）是核武器之一，是利用核反应的光热辐射、冲击波和感生放射性造成杀伤和破坏作用，以及大面积放射性污染，从而阻止对方的军事行动以达到战略目的的大杀伤力武器。核武器主要包括裂变武器（第一代核武，通常称为原子弹）和聚变武器（又称为氢弹，可分为两级及三级式）。也有些还在武器内部放入具有感生放射性的氢元素，以增强辐射强度扩大污染，或加强中子也射以杀伤人员（如中子弹）。

有记录的核武器的研发始于二战前夕，由纳粹德国率先提出方案，美国方面的计划则晚了数个月。但由于当时核武器研究十分拖沓且前景不明，令希特勒认为开发核武器的费用将会过于庞大，加上原先德国感兴趣的是核子反应所能提供的能源而并非核武器，因此便放弃开发核武器。

1. 美国为什么会向日本投掷原子弹

1945 年，二战已经基本接近尾声，欧洲战场大局已定。受到军国主义的影响，日本依然对内宣称战争取得的成果，可见日本对国内信息的公开程度之低，日本士兵并不完全知道整个局势的发展变化。而由于之前美军在太平洋岛屿作战中损失惨重，因此如果攻占日本领土美军便会遭到更大的损失。美国为迫使日本投降，尽快结束战争，开始制订在日本重要城市投放原子弹的计划。美国告诫日本尽快投降，但是被日本断然拒绝。

于是美国总统杜鲁门决定在日本东京在内的六个城市（东京、京都、新潟、小仓、广岛、长崎）投掷原子弹。经过考虑，美军把核攻击目标选定为日本的广岛和长崎。广岛是日本的陆军之城，是日本防卫本土的第二总军司令部所在地，而长崎则是日本工业特别是造船业的重要基地。

2. 计划实施过程

原子弹原尺寸模型（左为"小男孩"，右为"胖子"）

1945 年 8 月 6 日早晨 8 时，3 架 B-29 美机高空进入广岛上空。这时很多广岛市民并未进入防空洞。在此以前，B-29 已连续数天飞临日本领空进行训练，但这一次的 3 架飞机中，有一架已经装上了一颗 5 吨重的原子弹。

原子弹爆炸后蘑菇云升起

9时14分17秒,当装载着原子弹的B-29战机对准了广岛一座桥梁的正中央时,自动投弹装置被启动了。60秒钟后,原子弹从打开的舱门落入空中。这时飞机作了一个155°的转弯,俯冲下来。45秒钟后,原子弹在离地600米空中爆炸(具体地点为日本广岛相生桥以西100米的岛病院上空600米处),立即发出令人目眩的强烈白色闪光,广岛市中心上空随即发生震耳欲聋的大爆炸。顷刻之间,城市突然卷起巨大的蘑菇状烟云,接着便竖起几百根火柱,广岛市刹那间沦为焦热的火海。

3. 原子弹造成的损失

在战后统计中,第一颗原子弹造成8.8万日本人死亡,有5.1万人失踪或者受伤,广岛7.6万栋建筑损失7万栋,原子弹爆炸引发的强烈光波造成大量人员失明,并且10亿度高温使爆炸周边的一切化为灰烬。在随后的放射物影响下,广岛变得寸草不生。

原子弹爆炸后半小时,"黑雨"开始飘下。这好像是一种焦油状物质,掉落下的黑色物质可以沾染在很多地方。这场雨还带着无线电主动辐射,并将其传播到广岛以外的地区。受"黑雨"影响的人也受到辐射,辐射中毒同样也会影响人的健康。

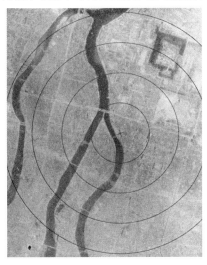

原子弹投下前后爆点中心对比图(左图为投前,右图为投后)

爆炸后,没有立即死亡的人后来也大多因辐射而死亡。而在距离爆炸中心周围三英里的范围内,幸存者开始出现呕吐、腹泻、口腔和咽喉肿胀以及出血最早是爆炸后数小时内等症状,这出现的第一类症状。幸存者也开始出现奇怪的蓝色斑点。人们对辐射的全部影响知之甚少,但医生很快就发现没有外伤的患者也开始生病并且出现上述许多症状，这种奇怪的疾病被称为"疾病 X"（塞尔登）。原子弹爆炸甚至对未出生的婴儿都有影响，流产及新生儿夭折在核爆邻近地区的孕妇以及带着婴儿到足月的女性中很常见。出生后幸存的婴儿以及母乳喂养的婴儿，最终大都会死于通过母体带来的辐射中毒。而幸存者的噩梦其实才开始，在后面的日子里这类人群中的癌症患者数量激增，很多人都在痛苦中慢慢结束了生命。

4. 日本最终投降

广岛的事件并未使日本立即同意接受波茨坦的最后通牒，即无条件投降。他们竭力掩盖广岛事实真相，对外宣称是有一枚陨石坠落在广岛市。而此后苏联遵守对联合国的义务，接受联合国的要求，宣布从 8 月 9 日起对日宣战。就在苏联出兵这天的上午 11 时 30 分，美国又在日本长崎投下第二颗原子弹。长崎全城 27 万人，当日便死去 6 万余人，从而加速了日本无条件投降。

1945 年 8 月 15 日，日本天皇发布投降诏书宣布投降。1945 年 9 月 2 日，在东京湾"密苏里"号战列舰的甲板上，日本外相重光葵和总参谋长梅津美治郎在投降文件上签字。签字的时间是 9 点零 4 分。

原子弹产生的热辐射烧灼后留下的痕迹

　　原子弹对于现代战争也产生了深远的影响，正如一战的毒气弹并没有在二战中大规模使用一样，二战后至今，核武器再也没有在任何一场战争中使用，正是因为其巨大的威力和令人恐怖的破坏力，以及会面临国际社会强烈谴责的压力。

　　但也不得不承认，正是因为核武器的存在，二战后再无大规模战争爆发，大多数以局部战争为主，这也是不幸中的万幸。

▶▶▶ 集束炸弹在哪次实战之后成为国际公约禁止使用的武器

　　集束炸弹是将小型炸弹集合成一般的空用炸弹的形态，每颗小型炸弹被称为子炸弹，因此集束炸弹又称子母炸弹。具体是指在与一般炸弹同样大小的弹体中，装入数个到数百个子炸弹，子炸弹为网球般大小的球体。集束炸弹由飞行器空投之后，在空中分解，散布到广泛的地面造成区域性杀伤。利用其数量多的特性增加涵盖面积和杀伤范围，可用于攻击集群坦克，装甲战斗车辆、部队集结地等集群目标，或机场跑道等大面积目标，具有较强的毁伤能力。

美军 B-1B 轰炸机投掷集束炸弹

1. 武器起源

第一枚集束炸弹首先由德国在二战中使用，当时经常被称作"蝴蝶炸弹"。它们多用于打击民用与军用目标。战后该技术在美国、俄罗斯等国得到进一步发展。集束炸弹具有不同的类型，并且在许多国家已成为标准弹药。1945 年，国际社会都同意将广岛与长崎的平民作为集束炸弹的打击目标。当时，85% 的美国民众同意进行轰炸。

集束炸弹的子弹药可以有效打击大量的目标，同时使用它们可以降低军队的作战风险，这也是为什么美军指挥官更喜欢使用集束炸弹而不是单一弹头炸弹的原因。使用单一弹头炸弹需要更多的弹药量才能达到与集束炸弹相同的效果。尽管集束炸弹在作战中有可能对无辜平民造成伤害，但伤害程度要小于压制相同目标所需要的单一弹头炸弹造成的伤害。单一弹头炸弹可能摧毁整个目标，而集束炸弹将减少对于平民的负面后果，同时仍然可以取得想要的军事效果。

2. 实战应用

集束炸弹真正意义上发挥其恐怖的作用是在越南战争时期。其间美军投掷了大量集束炸弹。其中部分集束炸弹释放的子炸弹由于种种原因，在当时并没有爆炸，但它们一直散布在当地的山林、田野及房前屋后，至今仍有居民被这些子炸弹所伤甚至因此失去生命。而美军在攻打伊拉克、轰炸南联盟、轰炸阿富汗时，都曾大量使用集束炸弹。

美军早期集束炸弹弹头内部

据非政府组织——残疾人国际估计，在世界范围内，集束炸弹的受害者中，大约 98% 是平民。其中，近 1/3 是儿童。集束炸弹在人口密集地区无法辨别军人和平民，因此每当袭击过后，不少集束炸弹的子炸弹没有发生爆炸而是遗留在战场上，直到战后，这些子炸弹则不时发生爆炸，成为杀伤当地平民的罪魁祸首。

3. 危害原因

集束炸弹的存在是由于一系列战地不可估量的原因，子炸弹往往无法全部引爆。因为子炸弹要经撞击，触动引爆装置才能爆炸，而战地环境复杂，不引爆的子炸弹就成了安全隐患。据统计，至少有 10% 的子炸弹不会立即爆炸，而是再遭触动时才会爆炸，其杀伤力与一颗反

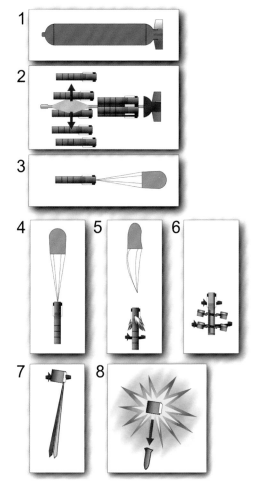

集束炸弹爆炸示意图

步兵地雷相似。这也是集束炸弹最为恐怖的地方。在 1991 年海湾战争中就有数万颗子炸弹没有爆炸，在战争结束后的几个月时间里，伊拉克和科威特时常发生因子炸弹爆炸造成人员伤亡的事件。美国政府自己对"沙漠风暴"行动所作的评估报告也表明，包括集束炸弹在内的一些非制导炸弹常常会无法击中目标，而且还会造成连带破坏。有大量集束炸弹插到地下，有的深达半米，这就给清除工作带来了很大的麻烦。而在科索沃战争中，北约军队共投放了 1392 枚集束炸弹，估计也有 8% ～ 12% 的炸弹没有爆炸，而且地面上还留有 34 744 颗没有爆炸的小型子炸弹。

收集在一起的小型子炸弹

集束炸弹带来的更难以处理的未爆炸弹药，让战争爆炸性残留物的处理情况变得复杂。更为重要的是，集束炸弹战后对平民的损伤很大，所以国际社会一直呼吁不要在战争中使用集束炸弹。

>>> "地毯式轰炸"的前世今生如何

"地毯式轰炸"指像在地板上铺地毯一样使用大量的无制导炸弹覆盖轰炸某一地域，杀伤和摧毁该地域的人员、装备。当地毯式轰炸的目标为人口或工业聚集区时，意在达成打击对方的士气和战争潜力这一战略目的。

1. 战法起源

意大利军事家杜黑在其 20 世纪 20 年代发表的书籍《制空权》中写到，用空军轰炸敌人的军事、工业、政治和人口中心，就能迫使敌方屈服。这一理论在 1937 年

的西班牙内战中首次
被实行，纳粹德国派
出的秃鹰军团对格尔
尼卡进行"地毯式轰
炸"，这一轰炸被毕
加索用艺术手法描绘
在同名作品中。西班
牙内战中的埃尔马苏
科战役则可能是首次
针对纯军事目标进行
的"地毯式轰炸"。

　　二战期间，交战
国多次使用轰炸机对
敌方控制下的城市进
行"地毯式轰炸"。
同时，也在战术层面
上使用"地毯式轰
炸"，作为空中支援
的手段。如 1944 年在
法国北部的眼镜蛇行
动中，盟军轰炸机对
德国部队进行"地毯
式轰炸"。

　　一般来说，"地
毯式轰炸"是通过众
多轰炸机的投弹来完
成的。但如果目标区
域较小，使用单架载
弹量较大的轰炸机，
如 B-52 战略轰炸机，
也能达到"地毯式轰
炸"的效果。

盟军对德国进行"地毯式轰炸"

2. 实战应用

　　纳粹德国空军在进攻波兰和荷兰的行动中曾进行过"地毯式轰炸"，在不列颠空战后期也曾轰炸伦敦等城市。而英国皇家空军轰炸机部队更注重以"地毯式轰炸"打击德国的士气。执行轰炸任务的机群一般排成 V 字形，在 3～5 秒内投下所有炸弹。这种方法非常有效，经常能摧毁整个城市或大片目标区域。在装备有自卫火力很强的 B-17 轰炸机的美国第 8 航空队加入轰炸德国的行列后，盟军可以对德国实施昼夜轰炸。例如，在德累斯顿轰炸中，英国和美国的轰炸机分别在晚间和白天轰炸，几乎整个市中心被夷为平地，同时造成了大量的平民伤亡。美军后来在波斯湾战争期间，其 B-52 机队也发动了对伊拉克的"地毯式轰炸"。

"地毯式轰炸"实战图

3. 现存状况

　　从某种意义上来讲"地毯式轰炸"已被完全淘汰，首先是因为现代轰炸机的造价远远超过二战时期的轰炸机，而且现代炸弹的造价也更高，采用地毯式轰炸消耗过大，从经济角度来讲，这样的战法已经不合时宜。现在进行"地毯式轰炸"无疑是一种巨大的"赔本买卖"。

B-52 投掷炸弹

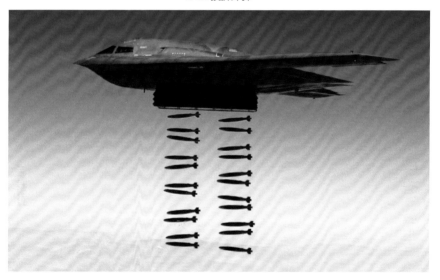

B-2 隐身轰炸机投掷对地炸弹

　　同时随着精确制导武器的发展，"地毯式轰炸"在今天更多地被精确打击所代替，如果要执行轰炸任务，几颗精确制导导弹外加几架无人机就可以完成，无须出动庞大的轰炸机群。此外，由于战略核武器的出现，只要一枚核弹就可以将中小型城市或军事设施彻底夷平，远比传统"地毯式轰炸"来得有效率、更具威胁性且任务不容易失败。所以在现代战争中"地毯式轰炸"这一战术已经很难再看到了。

炸弹在地面爆炸形成一片火海

Part 03

现代战争篇

▶▶▶ 为什么说"入侵格林纳达"开启了全新的战法

入侵格林纳达战争是指 1983 年 10 月 25 日凌晨，美国出动"快速部署部队"，采用突然袭击手段，对格林纳达发动的海空联合作战，这是自越南战争失败以来美国的第一次军事行动。美国入侵格林纳达是二战后，美国在拉美地区采取的一次典型的武装干涉行动，也是自越战失败后，美国由战略收缩转为战略进攻的一次标志性行动。

1. 战役背景

格林纳达是世界上最小的国家之一，在常见的世界地图上，它小得甚至不足以标下它的国名。但在世界政治家、军事家的眼中，它的分量绝不低于世界战略要冲马六甲、直布罗陀、福克兰。它处于加勒比海东部向风群岛的最南端，西濒加勒比海，东临大西洋，近巴巴多斯，南和委内瑞拉、特立尼达及多巴哥隔海相望，是扼守加勒比海出入大西洋的门户。

格林纳达建造的机场

1980 年 10 月 27 日，格林纳达国防部长与苏联签署了一项主要军事武器援助协议。另一项协议于 1982 年 6 月 27 日签订。后来，格林纳达与苏联、保加利亚、东德和捷克斯洛伐克签订了贸易协议。美国对格林纳达日益和苏联接近深感不安。美国政府习惯常充当"世界警察"，在全球范围内对他国事务指手画脚，横加干涉，以自己的利益和价值原则作为衡量别国的标准。在苏联的援助下，格林纳达在主岛西南端的萨林斯角修建了一座大型现代化国际机场，这个机场已大部竣工，机场跑道长达 4000 米，建成后，可降落大型飞机，这些都威胁到美国在加勒比地区海上运输线的安全，这也是美国所不允许的。

由于国际势力的干涉，格林纳达强硬派突然发动政变，将时任总理毕晓普软禁起来。1983 年 10 月 19 日，数千群众在首都圣乔治游行支持毕晓普，并将毕晓普解救出来。随之，这些人与政变者发生冲突，毕晓普又重新落到政变者手中，当天便被秘密处决。

这场政变也成为美国出兵格林纳达的理由，24 日，美国总统里根召开国家安全委员会计划小组会议，正式决定出兵。格林纳达这场十月政变为美国入侵提供了契机，成为美国入侵格林纳达战争的导火索。

2. 入侵过程

1983 年 10 月 25 日凌晨 4 时 30 分，美军舰载航空兵对珍珠机场进行航空火力准备。陆战队两栖戒备大队的 400 名海军陆战队，从集结于珍珠机场以东水域的"关岛"号两栖攻击舰搭乘直升机，直接在珍珠机场跑道上垂直登陆，接着，后续部队约 800 人分别搭乘直升机和登陆艇登陆。美军在珍珠机场只受到少量敌军的轻微抵抗。经 2 小时战斗，美军便完全控制了珍珠机场。然后，美军继续向机场附近敌据点进攻，占领了格伦维尔。美军在这一方向上的战斗行动十分顺利，基本上是按原计划进行的。

在攻击珍珠机场的同时，美陆军第 75 游骑兵团 2 个别动营约 700 人，分乘 18 架 C-130 型运输机，在 AC-130E 型武装运输机的掩护下，从低空掠过加勒比海，直扑格林纳达，准备在格岛西南端的萨林斯机场实施伞降。在飞机到达目标之前，机上别动队指挥官获悉机场及其附近高地配有大量防空武器，于是决定跳伞高度由原计划的 1200 英尺（约 366 米）降至 500 英尺（约 152 米），以减少伞降时的损失，这是二战后美军的最低跳伞高度。伞降前，从"独立"号航空母舰起飞的 A-6 和 A-7 型舰载攻击机对机场守敌进行了航空火力准备，5 时 36 分，空降兵乘坐的运输机到达萨林斯机场上空，并立刻开始伞降。地面火力非常强，以致第 1 连美军跳伞后，伞降活动不得不暂时中止。AC-130E 飞机被召来压制敌防空火力，15 分钟后，伞降活动才得以继续进行。在伞降过程中，格林纳达机场守军对空火力基本上没有中断，美军部分空降兵伤亡，许多降落伞上弹孔累累。别动队员着陆后，立即投入地面作战，经过激战，美军于 7 时 15 分控制了机场。此时，机场周围格方抵抗力量还比较强，机场上美军不断遭到火力袭击。美军别动队队员冒着密集的狙击火力清除机场跑道，同时向机场周围的格方抵抗力量发动进攻，占领了位于机场附近的圣乔治医学院校园，以"保护"那里的500多名美国学生。

美军此次部署的直升机是主要运输工具之一

美军 82 空降师使用 M102 榴弹炮射击

下午 2 时，美军后续部队第 82 空降师 2 个营和多国警察部队共约 1500 人陆续抵达战场，并立即投入战斗。美军在航空火力支援下，继续打击机场附近的抵抗力量，巩固了机场，占领了弗里昆特。随后，除留多国警察部队保卫机场以外，其余主力兵分两路：一路向北，沿滨海公路向首都圣乔治方向发起进攻；另一路东进，经特鲁布卢、圣乔治医学院，向卡尔维尼格兵营方向发起进攻。

在萨林斯机场激战的同时，美军海豹突击队的一个 11 人小组顺利伞降于位于圣乔治的总督官邸，营救斯库恩总督。但当队员准备携总督一家撤离时，3 辆由古巴人操纵的 BTR-60 轮式装甲输送车将总督一家连同美军"海豹"小组成员一起包围在总督官邸内。为解救被围的总督，同时为配合南路美军迅速攻占圣乔治，美军指挥官麦特卡夫临时调整了作战计划：珍珠机场方向美军不再从陆路向圣乔治进攻，而是改走海路。为此，除部分海军陆战队员留在珍珠机场方向担负警卫任务外，其余 240 名海军陆战队员返回"关岛"号，并乘该舰从格岛北面迅速绕到格岛西海岸圣乔治以北约 1 千米处的大马尔湾附近海域。19 时 30 分，陆战队员乘登陆艇登陆，随同登陆的还有坦克和装甲车共 18 辆。登陆后，经 12 小时的通宵战斗，美军歼灭了包围总督府的敌军，救出了总督及"海豹"小组成员。

美军 AH-1S 武装直升机发射导弹

　　为达到速战速决的目的，美军又紧急从国内增调部队和作战物资，截至 26 日，美军在格林纳达的地面部队总数已达 6000 人，形成了 3 倍于格军的优势。西路美军继续以优势兵力南北对进，逐个攻击沿途格方据点，向首都圣乔治逼近，东路美军则向卡尔维尼格兵营攻击前进。26 日，陆战队攻占格军司令部所在地弗雷德里克堡。27 日，陆战队占领卢卡斯堡和军事要地里奇蒙山监狱；东路美军在卡尔维尼格兵营遭遇激烈抵抗，经过一番苦战，美军攻占了该兵营，缴获了大量武器和文件。28 日，美军南北两路终于会师圣乔治，完成了对格首都的占领。至此，美军完成了对格岛要点的控制，整个入侵行动的主要战斗结束。格军溃散，零散武装人员退往北部和中部山区，继续进行抵抗。参战的古巴人一部分伤亡，大部分被俘。

美军士兵携带 M47 反坦克导弹

针对格方残余抵抗力量孤立分散，隐藏地地形复杂等情况，美军化整为零，以连排为单位，空地配合，清剿残敌。"关岛"号两栖攻击舰编队奉命驶抵格岛以北32千米的卡里亚库岛搜索残敌。美军登陆兵力共 2 个连，其中 1 个连乘 20 架直升机在该岛首府哈维以北的野战机场垂直登陆，另 1 个连乘 13 辆登陆车在哈维以西的海湾登陆。登陆人员经 7 小时搜索，俘获 15 名格军。

3. 战役影响

从纯粹的军事观点来看，美军在此次作战中验证了多种军事理论、战术核心的武器系统，同时美军以此为转折点，逐渐从越南战争的伤痛中恢复过来。美军从这次行动中总结出大量非常有价值的经验教训，在此后的一系列类似行动——利比亚、巴拿马、海地和伊拉克战役中发挥了巨大作用。而此次行动对于包括"海豹"突击队在内的特种部队是一个里程碑和转折点，使之有了检验其训练成果和专用装备，以及证明自身价值的机会。事实上，作为美军引入职业化军队系统后的首次大规模军事行动，这次行动也标志着整个美国军事力量的复苏，它的成功极大地鼓舞了越战后美军的士气，也为美国对远距离投放其军事力量的能力进行了完美的验证。

▶▶▶ 为什么说第三次中东战争是"先发制人"的典型战例

第三次中东战争发生在 1967 年 6 月初，是"先发制人"战争的一个典范。它发生在以色列国和毗邻的埃及、叙利亚及约旦等阿拉伯国家之间，其中埃及、约旦和叙利亚联军被以色列彻底打败。此役，以色列阵亡 900 余人，伤 4500 人，而对手则阵亡 20 000 人，伤 40 000 人，被俘 6500 人。以军损失战机 26 架、坦克 60 辆，却击毁了对方 400 多架飞机、500 多辆坦克。这场战争成为中东局势至今诡异莫测的起源，同时也是整个 20 世纪军事史上最具压倒性结局的战争之一。

以色列坦克开进戈兰高地

1. 战役背景

第二次中东战争以后，失败的阿拉伯国家并不甘心，一直希望找到机会击败以色列。1964 年，在埃及、叙利亚等国的支持下，巴勒斯坦解放组织成立，开始运用游击战对以色列进行骚扰和袭击，同时，约旦、黎巴嫩在约旦河问题上也达成了共识，改变约旦河上游的流向，使之不被以色列利用，这对以色列来说是关系生死存亡的问题。随着双方冲突的进一步加剧，1967 年，埃及总统纳赛尔下令接管了位于埃及和以色列两国之间的联合国紧急部队的阵地，5 月 23 日纳赛尔又下令封闭了以色列的重要出海口蒂郎海峡，这促使以色列下定决心与阿拉伯国家开战。

此时西方国家公开支持以色列。仅 1967 年 3 ～ 5 月，就廉价向以色列提供了 400 多辆坦克、250 架新式飞机，使以色列空军和装甲部队战斗力大大增强。以色列的战争计划是开战后集中兵力首先消灭对以色列威胁最大、阿拉伯国家中实力最强的埃及空军和埃及陆军，随后掉过头来进攻约旦和叙利亚。

以军参与战争的 AMX-13 轻型坦克

　　而此时阿拉伯国家的军力也不容小觑。比如埃及就拥有苏制的 6 艘战舰以及苏制喷气式飞机和 T55 式坦克等先进武器，同时，军队还由苏联军事顾问团帮助训练，这使埃及成为阿拉伯国家中军力最强的国家。而约旦军队由英国顾问训练，装备英制武器，兵力虽少但装备精良。叙利亚军队则在戈兰高地筑起了坚固的防线，准备抵御以色列军队的进攻。

2. 战役过程

　　1967 年 6 月 5 日，以色列出动了全部空军，对埃及、叙利亚和约旦等阿拉伯国家发动了大规模的突然袭击，甚至连教练机也投入了战斗，袭击重点是阿拉伯国家的 25 个空军基地。从早晨到下午 18 时，以色列空军对阿拉伯各国进行了四波突袭，第一波袭击了埃及 10 个机场。第二波主要袭击埃及的轰炸机基地和混合机种的 8 个机场。第三波攻击了约旦、叙利亚和伊拉克的空军基地。最后，在完成了对阿拉伯空军 25 个基地的攻击之后，17 时 15 分到 18 时，开罗国际机场和另一个空军基地也遭到了严重破坏。就这样，在开战后 60 个小时内，以色列共击毁阿拉伯国家飞机 451 架。埃及作战飞机损失了 95%，整个埃及空军陷入瘫痪状态，而以色列只损失了 26 架飞机。

在以色列实施空袭后的半小时，其地面部队 5 个师以坦克装甲车为前导，自加沙、阿里什和阿布奥格拉大举进攻。当时，埃军在西奈半岛有 5 个步兵师和 2 个装甲师，共约 12 万人，分别据守在各个战略要点上。而且埃及汲取了第二次中东战争的经验，将大量兵力部署在尼罗河三角洲一带，西奈半岛上兵力空虚。以军在反复攻击后，占领了加沙地带，进入了西奈半岛的阿里什、阿布奥格拉等地。接着，以军兵分三路，向苏伊士运河地区进犯。为了挽回败局，埃军顽强抵抗，发动了两次反攻，终因没有空军支援而失败。仅仅 3 天时间，西奈半岛就全部落入以军之手。

被以色列空军炸毁的埃及战机

在对埃及进攻后不久，以色列又发动了对约旦河西岸的进攻。6 月 5 日夜，以军开始猛攻耶路撒冷。6 日上午，以军夺取了耶路撒冷旧城至以色列占领的斯科普斯山之间的地区，7 日，以色列军队攻入耶路撒冷，占领该城。

　　9 日 11 时 30 分，以军从南北两面向戈兰高地发动进攻。以军进攻戈兰高地的部队有 6 个旅，其中 3 个旅从北进攻，2 个旅从南进攻，1 个旅机动作战。在戈兰高地之战中，叙利亚、埃及与以色列军队共投入 2000 辆坦克进行厮杀，是一场名副其实的坦克大战。直到 1967 年 6 月 12 日，双方达成停火协定，第三次中东战争结束。

以色列军人检查被摧毁的重装

3. 战役影响

　　在 6 天的战争中，埃及、约旦、叙利亚三个阿拉伯国家遭受严重损失，伤亡和被俘达 6 万余人，而以色列仅死亡 983 人。通过这次战争，以色列占领了加沙地带和埃及的西奈半岛以及约旦河西岸，耶路撒冷旧城和叙利亚的戈兰高地共 6.5 万平方千米的土地，彻底扭转了以色列的战略劣势。战争中有 100 万巴勒斯坦人被以色列赶出家园，沦为难民。

　　客观地评价第三次中东战争，以色列在战争中赢得了国际地位，但并没有从根本上解决以色列和阿拉伯国家之间的矛盾和问题。相反，这次战争却遗留下更多的问题悬而未决，这场战争也是造成至今中东地区不稳定的主要原因之一。

被遗弃的武器

第四次中东战争以色列是如何反败为胜的

　　第四次中东战争发生于 1973 年 10 月 6 ～ 26 日。战争的起源是因为埃及与叙利亚分别攻击六年前被以色列占领的西奈半岛和戈兰高地。战争的头两日埃叙联盟占了上风，但此后战况逆转。战争进行至第二周，叙军退出戈兰高地。在西奈半岛，以军在两军之间攻击，越过苏伊士运河。直到联合国停火令生效为止，以军已经歼灭了一支埃及军队。

　　这场战争使中东多个阿拉伯国家在军事上认识到了以色列的力量，从此使以阿之间的和平谈判得以实现，在战争结束时签署的和平协议是自 1948 年的战争以来，阿拉伯国家与以色列首次公开进行对话。

以色列坦克进入苏伊士运河西部边境

1. 战役背景

在第三次中东战争之后，埃以双方又进行了两年的"消耗战争"。埃军炮兵部队向运河东岸的以军实施大规模炮击，以军则从 1969 年下半年起，开始向运河西岸包括开罗周围地区实施战略空袭，双方还互派突击队偷袭对方。而当时美苏两个超级大国在中东不同的外交策略也导致以阿矛盾不断加深。

再加上当时的国际形势发生了变化，因为此时正值西方发生能源危机，所以西方各国对阿拉伯产油国的依赖加深。为了收复失地的埃及、叙利亚最高领导集团趁联合国召开第 23 届年会之际决定对以方发起突然袭击。

2. 战役过程

1973 年 10 月 6 日 14 时，埃及蛙人在苏伊士运河东岸以色列军事防御工事的沙垒中引爆了事先埋入水下的两个炸药包。紧接着埃及、叙利亚两国军队从西、北两线同时向以色列发起突然袭击。开战伊始，在飞机、防空军的掩护下，不到三天，埃军就控制了运河东岸 10 千米地区。为配合正面作战，埃军空降兵和突击分队乘直升机在西奈半岛纵深地区大规模降落，破坏以军交通、通信和补给。海军为牵制以军，封锁蒂朗海峡和曼德海峡以及亚喀巴湾和红海的出口，并在沙姆沙伊赫地区进行海上登陆作战，袭击以军。

当埃军在西线发起攻击的同时,北线的叙利亚军队在空军和地空导弹部队的掩护下分三路向以军阵地发起进攻。10月7日早晨,叙军突破1967年停火线约75千米,进到叙以边境太巴列湖附近。值得一提的是,很多阿拉伯国家都在军事上有预谋地进行了援助,埃、叙出动的攻击力量实际上是阿拉伯国家联军。

埃及特种部队站在被以色列摧毁的坦克前

由于以色列的误判,他们认为阿拉伯国家决不会在这一天对他们发动进攻,当天大多数官兵都留在军营中,所以开战伊始以军就节节失利,因此叙利亚和埃及取得了初期胜利。

埃军占领了运河东岸的部分地区,达到了预期目的。所以从10日起,埃军在西奈半岛就停止了进攻,并开始着手调整部署巩固阵地。这给以军提供了喘息之机,以军利用这一短暂的间隙集中兵力,实施先北线后西线各个击破的战略方针。

10月10日,以军在北线集中了15个旅和1000辆坦克,在飞机的掩护下,突破叙军防御阵地后,又采取正面突击同迂回包围相结合的战术,分三路向叙军发起反击,并且很快便突破了叙军防线,解除了库奈特拉之围。

当以军在北线反击时,埃军为增援叙利亚决定向以军发起进攻。但以军对埃军的进攻早已有准备,结果埃军的进攻没有达到预期效果,埃及军队第21装甲师参与的这次进攻被史学家称为埃及自杀式的进攻。

12 日，以军在北线取得了胜利。以军越过 1967 年的停火线，深入叙利亚境内30 千米左右。叙利亚的步兵和防空军被迫撤至首都大马士革等重要城市地区。以军在北线掌握主动权后，随即将作战重点移至西奈半岛，使西奈战线从原来的 4 个旅增至 3 个师 12 个旅，并向西奈调去了大批飞机和坦克。至此，以军完全取得了战略上的主动权，开始化守为攻。

以军坦克开进戈兰高地

10 月 16 日，以军三个旅群向埃发动进攻。时任装甲师师长的沙龙根据美国侦察卫星提供的驻扎在大苦湖地区的埃军第 2、3 军团结合部有 30 千米间隙的情报，抓住埃军运河西岸兵力空虚的有利时机，让士兵穿上埃及军装，骗过埃及守军，从结合部潜入运河西岸，建立了桥头阵地，摧毁了埃军几个防空导弹阵地，并借机迅速组织了 5 个旅的兵力，在空军的支援下，源源不断地渡过运河。

以色列占领埃及导弹阵地

以色列空降兵进入西奈半岛

被摧毁的叙利亚装甲部队

18 日，突入西岸的以军大举进攻埃军阵地，不断袭击埃及公路、铁路和运河沿岸地区，以切断埃军 2、3 军团的退路。22 日，联合国安理会通过了第 338 号决议案，呼吁埃、以双方"就地停火"，埃及、以色列都表示接受停火，但以军的进攻却没有停止。直到 23 日晚，以军占领苏伊士城郊外的炼油厂，切断了苏伊士城西南和南面第 3 军团部队的联系，基本上完成了对埃军第 3 军团大部分部队的包围，并且切断了他们的所有补给线路，导致埃军第 3 军团成了以色列谈判中的人质筹码。

以色列士兵向戈兰高地的叙利亚阵地发射炮弹

24 日，以军才宣布停火。此后，参战方先后签署了两个在西奈脱离接触的协议。通过这次战争，以色列新占运河西岸埃及领土 1900 余平方千米和叙利亚戈兰高地以东 440 平方千米的领土。第四次中东战争以以色列的全面胜利而落下帷幕。

埃及和叙利亚的突然袭击，打得以军难有招架之力。但之后，埃军因为占领了运河东岸的部分地区，达到了预期目的，所以停止了进攻，这种战略上的错误，给了以军喘息的机会，战局因此发生逆转。以军凭借有力的反攻和优良的武器装备，竟然反败为胜。

3. 战役影响

这场战争历时 18 天，埃及、叙利亚和以色列共投入兵力约 110 万人，坦克 5500 多辆，作战飞机 1500 多架。战争结果显示，阿拉伯国家死亡约 20 000 人，被击毁坦克 2000 余辆，损失飞机约 400 架；以色列军队死亡 5000 多人，损失坦克 1000 多辆，飞机约 200 架。双方战争消耗在 50 亿美元以上。通过这次战争，埃军收复运河东岸纵深 15 千米，南北长 192 千米的土地，面积 3000 多平方千米。以色列新占运河西岸埃及领土 1900 余平方千米和叙利亚戈兰高地以东 440 平方千米的领土。

这场战争是由于中东多国突然发动袭击引发的，但是战后结果却是以色列一方反败为胜，让中东各国认识到利用军事方式难以解决双方的问题，所以阿以双方最终坐到谈判桌前签署了和平协议，这也让中东地区迎来了短暂的和平发展时期。

>>> 为什么说1986年美国空袭利比亚开创了现代"外科手术"式的作战模式

1986 年美国空袭利比亚，美军代号为 "黄金峡谷" 行动，是美国空军、海军和海军陆战队于 1986 年 4 月 15 日联合执行的一次对利比亚的空袭行动。此次空袭行动是对 1986 年柏林迪斯科舞厅爆炸案的回应。

在行动过程中，美军以电子战飞机为先导，首先压制干扰了利比亚的防空系统，然后再出动大批战机实施精确打击，在很短的时间内就摧毁了重点预定目标，迅速完成作战任务。这次作战被认为开创了现代"外科手术"式的作战模式。

1. 行动背景

1969 年 8 月 1 日，利比亚上尉军官穆阿迈尔·卡扎菲发动政变，推翻利比亚王国，建立共和国，并担任国家元首。卡扎菲执政后逐渐施行反美的政策，收回了美国在利比亚的惠勒斯空军基地（该基地是当时美国在非洲最大的军事基地），赶走了 6000 多名美国军事人员。同时还废除了前政权同美国签订的军事和经济技术协定，限制美国舰船在利比亚领海的行动，最终利比亚在 1982 年与美国断交。

1982 年以后，在欧洲和中东地区发生了多起针对美国的恐怖活动。其间卡扎菲及利比亚政府多次表示支持这种行动。

1986 年 3 月，美国与利比亚在锡德拉湾爆发冲突。同年 4 月 5 日，利比亚特工在柏林一家迪斯科舞厅制造了一起恐怖爆炸袭击事件，造成 3 名美军士兵和 1 名土耳其妇女死亡，260 人受伤。爆炸发生后，美国政府立即指责利比亚领导人卡扎菲与此案有关。该爆炸案即后来空袭事件的导火索。

1986 年 4 月 6 日下午，美国总统里根在白宫主持召开了紧急会议，作出了对利比亚实施军事打击的决策，作战计划由美国参谋长联席会议主席威廉·克劳负责拟订。4 月 9 日晚，克劳向里根呈交作战计划。该计划提出以美国海军第六舰队的"珊瑚海"号和"美利坚"号航空母舰编队的 A-6 "入侵者"攻击机和美军驻英国的拉肯希斯空军基地的 F-111 战斗轰炸机为主对利比亚目标实施夜间空中突袭。对于该计划，里根当晚表示原则批准，并命名这次作战行动为"黄金峡谷"行动。

"美利坚"号航空母舰上准备启程前往利比亚的战机

2. 作战过程

当地时间凌晨 1 时 54 分，美国海、空军完成空中协调，进入战斗状态。美军出动 EA-6 "徘徊者"电子战飞机开始对利比亚防空导弹制导雷达、无线通信系统实施电子干扰。与此同时，海军航空兵舰载机率先对利军防空阵地发起导弹攻击，摧毁利方地面雷达站 5 座，并迫使其他雷达站关机，使利比亚整个防空体系陷入瘫痪状态，为实施主攻创造了有利条件。

在舰载机压制利比亚防空阵地的同时，来自英国空军基地的 16 架 F-111 战斗轰炸机和 14 架从"珊瑚海"号和"美利坚"号航空母舰上起飞的 A-6 "入侵者"攻击机组成 5 个空袭编队，于 4 月 15 日 2 时整，分别对的黎波里和班加西 5 个预定目标同时发起攻击。

在的黎波里方向，3 个编队分别攻击了利比亚领导人卡扎菲住所，利比亚总参谋部所在地阿齐齐亚兵营、的黎波里国际机场军用区和西迪比拉勒兵营"突击队训练中心"；在班加西方向，2 个编队分别攻击了班加西贝尼纳军用机场和班加西民众国兵营。

直至 2 时 12 分，空袭结束。前后持续时间共 18 分钟，其中主攻时间仅 11 分钟。

一架 F-111 战斗轰炸机起飞执行对利比亚的空袭任务

3. 作战结果

在此次空袭中，美军共出动海空军飞机 150 多架，被利比亚军用飞机 1 炸毁 4 架，炸伤多架，摧毁利比亚雷达站 5 座，炸死炸伤利比亚军民 700 多人。卡扎菲 1 岁半的养女也死于这次空袭，本人受轻伤。卡扎菲的六儿子也被炸伤。美军有一架 F-111 战斗轰炸机被利比亚地面炮火击落，2 名机组成员死亡。

此次空袭遭到许多国家的谴责。联合国大会以 79 票赞成、28 票反对、33 票弃权通过了第 41/38 号决议。决议谴责美国对利比亚实施的军事袭击，违反了《联合国宪章》和国际法。

正在进行空袭准备工作的 **F-111** 战斗轰炸机

>>> "马岛战争"中，英军如何取得远距离作战的胜利

　　马尔维纳斯群岛战争，简称马岛战争（Malvinas War），是 1982 年 4~6 月，英国和阿根廷为争夺马岛的主权而爆发的一场战争。马尔维纳斯群岛（英国称福克兰群岛）是位于南大西洋巴塔哥尼亚大陆架的群岛，包括索莱达岛（英国称东福克兰岛）、大马尔维纳岛（英国称西福克兰岛）和 776 个小岛，总面积 12200 平方千米。马尔维纳斯群岛战争的发现及其后欧洲人统治的历史均有争议。法国、英国、西班牙和阿根廷都曾在岛上设立定居点。英国于 1833 年重申了其主权，但此后的阿根廷历届政府仍宣称拥有岛上主权。1982 年，阿根廷对岛上实施军事占领，马尔维纳斯群岛战争由此爆发。马尔维纳斯群岛战争被视为冷战期间规模最大、战况最激烈的一次海陆空联合作战，这场战争同时也创造了海上战略投送的经典战例。

1. 战役背景

　　1981 年，阿根廷通货膨胀率高达 600% 以上，国内生产总值下降 11.4%，在国内面临巨大经济危机的时候，国内执政者为了转移民众的注意力，希望通过用一场干净利落的马岛战役来转移公众的焦点，缓解国内危机。于是阿根廷执政当局以巧妙的暗示表达了占领马岛的意图，并且给联合国造成压力。再加上同年《英国国籍法》

中限制给予马岛居民全面的公民权这一系列事件，使阿根廷认为用武力夺取马岛控制权的时机已经成熟。

1982 年 3 月 19 日，一群阿根廷当局雇佣的废五金商人强行登陆位于马岛以东 1390 千米处的南乔治亚岛，他们在南乔治亚岛建立了营地，并升起了阿根廷国旗。英国皇家海军的坚忍号破冰船被派遣去拆毁这个营地，但是由于坚忍号武装程度有限，无法达到目的，因此计划被放弃。阿根廷海军由 3000 人的两栖登陆部队登岛，借由优势兵力占领岛屿后，将马岛最高行政官改为军事总督，并配署 500 名宪兵进行军事统治。

阿根廷的进攻虽然让英方感到吃惊，但还是迅速地以外交方式回应给阿根廷施加压力。英国随后派遣了一支海军特遣战斗队来对抗阿根廷海空军的进攻，皇家海军陆战队也加入了战斗。由于距离遥远，所有的军事行动都必须依赖皇家海军出动航空母舰作为战斗核心，这个特遣舰队由多艘航母、潜艇以及战舰组成，同时在整个行动中，有 43 艘英国商船为特遣舰队提供补给。提供燃料物资等的货柜船及油轮形成了一条来往英国至南大西洋的 8000 海里后勤线。

2. 战役过程

此役，英军由皇家海军陆战队少校盖·薛利丹率领，包含皇家海军陆战队第 42 突击营的士兵、一小队英国陆军 SAS 及皇家海军特种舟艇突击队（SBS）进行侦察登陆为窝在辅助舰"潮泉号"上的海军陆战队员进攻作准备。本来特别空勤队计划在 4 月 21 日进行第一次登陆，其余英军预备在次日登陆，但是当地风速过快，能见度也较低，所以 SAS 小队只能撤退。

4 月 25 日，阿根廷海军圣达菲号潜艇被英军的直升机发现，并且被英军施以深水炸弹攻击。经过激烈的交锋之后，圣达菲号潜艇在爱德华国王岬附近的防波堤搁浅，然后阿军士兵登岸向英军投降。

英国火神轰炸机

　　首先执行代号"黑公鹿行动"，这一行动主要是对斯坦利港机场进行空袭。原本功能为执行中程远距离欧洲核战任务的火神轰炸机，可以携带 21 枚炸弹另外加挂 4 枚伯劳鸟式反雷达导弹。但是火神最多可以飞行 4171 千米的航程，如果要从威迪亚威克起飞后到马岛单程就达到 6260 千米，再加上满载时机身重达 77 111 千克，这样就需要进行至少 4 次空中加油。而皇家空军的大部分空中加油机都是改装的胜利式轰炸机，执行支援任务时要同级别的胜利式加油机进行多次空中加油。如此，2 架火神轰炸机执行一次任务就需要 11 架空中加油机支援。

　　单趟的突袭要花 16 小时共 1220 千米来回，因此此役成为当时史上行程最长的轰炸行动，一直到 1991 年海湾战争时才被美国空军一架 B-52 同温层堡垒轰炸机从美国本土以前置空中加油机协助下打破纪录。不过这样劳师动众的战果居然在 3 次突袭机场中只击中跑道 1 次，只能说这是一次失败的行动。

英军"无敌"号航母

　　5 月 1 日，在英军已登陆的情况下，阿根廷对英军发动了由 36 架飞机组成的第一次大规模袭击。然而只有两架第 6 大队的匕首式战斗机发现正在炮轰岛上阿军的英舰，这两架匕首式战斗机在发动攻击后安全返航。在这次攻击中，阿军飞行员无意中发现了可以借助于超低空藏匿在地面杂波中来躲避雷达追踪，最后瞬间爬升再进行突击以对抗现代军舰的雷达技术。

　　空战的开幕戏由英国海军 801 中队的海鹞式与阿根廷第 8 大队的幻影式战斗机展开，由于双方的空中优势高度不同以至于交战并没有立即开始，直到有 2 架幻影式战斗机受不了这种和平假象而放弃战术上的本位条件，从高空向英军海鹞式发动俯冲攻击。这种后果就是一架幻影式战斗机被海鹞式战斗机以响尾蛇导弹从容击落，另一架则成功躲过英军攻击，但是由于机身受创加上燃料不足，因此难以飞回本土从而改迫降斯坦利港。

英军特种部队 SAS 空降

阿军依据这次惨痛的教训重新调整部署，改以天鹰式攻击机与匕首式战斗机为攻击特遣舰队的主力，而无法空中加油与无配备合适空对空导弹的幻影式战斗机则被用作诱饵，负责把英军海鹞战斗机诱离攻击机群。不过斯坦利港因为始终是阿军的重要据点，尽管遭受英军日间的空中攻击以及夜间的轰炸，但其补给作业却从不停止，直至冲突结束，对驻岛阿军的补给从未停歇。战役期间运输机总会降落在斯坦利港，带来一切岛上需要的补给，包括粮食、弹药、车辆。

这场战役最著名的事件当属皇家海军谢菲尔德号导弹驱逐舰遭受飞鱼反舰导弹攻击而被损毁。当时，该舰正作为雷达哨戒舰部署于英国特遣舰队之先头。阿根廷海军两架携带飞鱼导弹的军旗式攻击机立即升空，在距战舰 40 千米附近发射飞鱼导弹。飞鱼导弹击中了谢菲尔德号的舰身中段。造成了 20 人死亡、24 人重伤。谢菲尔德号导弹驱逐舰在数小时后被遗弃，弯曲变形的残骸却持续漂流燃烧了 6 天之久！谢菲尔德号导弹驱逐舰代替舰队中吨位更大、重要性更高的航空母舰顶住了致命的一击。而航空母舰无论遭受任何打击，都会迫使英国立即终止其在南大西洋的军事行动。

谢菲尔德号导弹驱逐舰被击中

　　随着战争强度的升级，英军在 5 月 21 日晚登陆马岛，共约 4000 名来自第三陆战旅、空降兵团第二及第三营的士兵由登陆船只登岸；并成功地在次日建立安全的滩头立足点。激烈的战斗从夜晚持续到隔天，最后英军损失了 17 名士兵，阿根廷损失了 55 名士兵，另有 1050 人被俘虏。

　　战争一直持续到 6 月 14 日，最终阿根廷驻军司令梅南德兹少将向英国皇家海军陆战队的摩尔少将投降。9800 名阿根廷军人成为战俘。另外，还有 4167 名阿根廷军人被堪培拉号远洋班轮遣返回阿根廷。至此，战争结束。

3. 战役影响

　　马岛海战对二战后的英国海军两栖作战能力是一次实际考验，同时，对日后英国海军两栖作战方式和制订两栖战舰的发展计划提供了极有价值的启示。通过此役可以看出，两栖舰船在地区性冲突及局部战争中的作用日益突出，并将成为解决地区危机的重要力量。随着各种现代化武器的出现，抗登陆的有利条件大为增加，登陆与抗登陆之间的对决更为激烈。对于登陆作战，特别是大跨度越洋登陆作战，必然会有由舰到岸的兵力及装备输送过程。只有在主船体内拥有较大坞舱，能装载气垫登陆艇、高速登陆艇、两栖作战和运输车辆，并且甲板上可装载一定数量的直升机或垂直起降战斗机的大型登陆舰船的情况下，才能快速、机动、有效地输送登陆部队和装备上岸，提供对登陆部队必要的火力支援，同时承担一定的自身防御任务。

英军士兵登陆马岛滩头

此外，两栖战舰宜向多用途化、舰型综合化、装载均衡化的方向发展。二战后，两栖战舰船陆续发展，派生出近10种舰型，各种舰型的舰船在应用中，作战任务相对比较单一。在需要达成某一作战目的时，往往需要多种舰型的登陆舰配套使用，一艘专用舰船出现战损，有可能影响到整个登陆作战行动。马岛战争中，英国海军动用了包括直升机两栖攻击舰、通用两栖攻击舰、船坞登陆舰、登陆支援舰、改装的运输登陆舰、坦克登陆舰等多种舰型，给登陆作战的组织和指挥带来很大困难。而为了掩护这些舰船实施登陆作战，英国海军还不得不调整对阿根廷大陆方向的封锁力量从而组成庞大的护航编队。由此看来，简化舰型、一舰多用、均衡装载将是大型两栖战舰发展的必然结果。

阿根廷常规潜艇

　　随着两栖作战方式的发展，现代化两栖战舰必须具有立体两栖突击作战能力，以增强自身攻防能力，提高战技性能。英国海军在马岛登陆作战时，虽已意识到了采用"平面登陆"和空中"垂直登陆"相结合的"立体登陆"方式所可能取得的战果，但由于没有满足需要的立体两栖突击作战能力，所以仍然只能采用较为传统的突击抢滩登陆方式。美国海军在总结二战以来包括英阿马岛海战、登陆及抗登陆作战经验的基础上，首次提出了"超地平线突击登陆"的立体作战观点。这种战法对两栖作战舰船的立体突击能力、随作战编队高速机动能力和自身的进攻和防卫能力等方面提出了较高的要求。这也为美军在日后的局部作战中提供了足够的理论支撑，尤其是在"沙漠风暴"等远离本土的作战中提供了丰富的经验指导。

为什么苏军占据绝对的军事优势，但是在入侵阿富汗的战争中没有取得胜利

　　1979 年的 12 月，苏联军队以优势兵力突然入侵阿富汗，历时近 10 年的苏阿战争爆发了，在这段时间里，苏联军队损失惨重，大约 1.5 万名苏军士兵命丧阿富汗，而苏联的经济损失更是达到了近 450 亿卢布。阿富汗作为一个相对落后的国家，是如何活生生拖垮当时军事实力强大的苏联军队呢？而在随后的美国反恐战争中，美军实际上也没有在阿富汗占到什么便宜，同样并没有达到战略目的。可以说，阿富汗是一座真正意义上的"帝国坟场"！

1. 战役背景

　　1978 年，阿富汗国内矛盾错综复杂，政府重组不断。与此同时，美苏冷战愈演愈烈，苏联为了实现南下印度洋、控制中亚枢纽地区的战略企图，从 1973 年起就开始对阿富汗进行政治、经济、文化和军事渗透。时任政府不符合苏联在阿富汗的利益，所以苏联决定实施南下战略，以确保自身利益不受损害。

　　此时阿富汗国内正好发生了政变，苏联以此为借口，并以援助为名向阿富汗派兵，控制了马扎里沙里夫、巴格兰、赫拉特等战略要地。同时以检查武器为名封存阿政府军的轻武器，拆除重装备，使其失去应付突变的能力。随后，苏军在苏阿边境的铁尔梅兹建立前方指挥部。1979 年 12 月中旬，苏军进入集结地域，27 日入侵阿富汗，占领阿北部地区。

2. 战役过程

　　苏军入侵阿富汗可分三个阶段，前后历经近 10 年的时间，从一路势如破竹到深陷泥潭，在这过程中，苏联国力也开始由强变弱。

　　第一阶段是 1979 年 12 月至 1980 年 1 月，这期间苏军凭借优势兵力和现代化武器，以突袭方式大举出兵阿富汗。苏军首先出动大型运输机 280 架次向喀布尔国际机场和巴格兰空军基地空运 5000 多名官兵和大量武器装备。同时进驻喀布尔的苏军占领阿首脑机关、国防部、电台等。然后先由集结在边境的 6 个师分东、西两路对阿富汗发动钳形攻势。凭借自己的优势兵力，苏军基本完成对阿方主要城市和交通要道的占领，并控制了阿富汗与巴基斯坦、阿富汗与伊朗的边境要地。在此阶段，苏军共出动 7 个师 8 万人，阿富汗政府军大部分缴械投降并归顺了苏联扶植的傀儡政权。

苏军派遣精锐特种部队进入阿富汗

T-62 主战坦克

第二阶段则是 1980 年 2 月至 1985 年 12 月，这期间苏军的战略目标是进行全面打击，并完成重点清剿任务，也正是由于在这一阶段无法实现战略目标，才将苏联拖入了泥潭。苏军完成对阿富汗的占领后，将进攻矛头指向以反政府武装为主体的抵抗力量，先后于 1980 年 2 月、4 月和 6 月发动三次大规模攻势，对喀布尔、昆都士、巴格兰以及库纳尔哈、楠格哈尔、帕克蒂亚等省的反政府武装展开全面打击。然而，反政府武装利用熟悉地形等有利条件，开展山地游击战，使苏军摩托化部队难以发挥其兵力和武器优势，被迫停止全面"扫荡"。

随后苏军改变战术，在确保主要城市和交通线的同时，集中优势兵力对反政府武装主要根据地发动重点清剿，力图切断其外援渠道，歼灭其有生力量。可是在经过多次清剿行动之后，其效果并不理想，而至 1985 年底，侵阿苏军兵力达 12 万人，而反政府武装仅有约 10 万人。

T-54A 和 T-55 坦克

由于第二阶段战略目标没有实现，双方逐渐进入第三阶段，时间是从 1986 年 1 月至 1989 年 2 月，最后以苏联撤兵结束。这期间阿方由于得到了国际援助，军事势力明显提升。这场旷日持久的战争使苏联在政治、外交、经济、军事上承受了巨大压力。战场上的屡屡失利，阿富汗游击队的不断壮大，迫使苏联不得不改变侵阿政策。1985 年戈尔巴乔夫任苏共总书记后，决定逐步从阿富汗脱身。最后，苏联被迫接受 1988 年 4 月 14 日达成的日内瓦协议，并于 1985 年 5 月 15 日至 1989 年 2 月 15 日分两个阶段撤出全部军队 11.5 万人。至此，苏联侵阿战争结束。

苏军在阿富汗丢失了大量的重型装备

3. 战役分析

无论是军事实力还是经济实力都远超阿富汗的苏军为什么没有在战场上取得胜利呢？可能主要有以下几个原因。

第一，阿富汗人的民族性格使然。历史上阿富汗是兵家必争之地，很多强大的军队都曾试图占领此地，使阿富汗的居民经历了一次又一次的战争洗礼，纷争不断的生活环境造就了阿富汗人彪悍无畏、勇于抗争的性格，这其中尤以普什图人最为强悍。当年苏联入侵阿富汗的时候，把苏军士兵搞得苦不堪言的阿富汗游击队，主要就是由这群凶悍的人组成。

阿富汗游击队俘获苏军野战炮

第二，阿富汗特殊的地理环境让苏军的武器优势受限。在苏联入侵阿富汗初期，进展十分迅速，很快就占领了阿富汗的主要城市和公路，但是进入山区和农村后，由于大部分地区交通不便，使苏联军队最引以为豪的机械化部队根本发挥不出作用，而那些游击队的大本营还都是在山区，导致苏联军队在围剿山区的游击队时，在一些路况十分崎岖的地区只能靠单兵步行，或者武装直升机来进行作战。而那些没有装甲车和强大火力支援的苏联士兵，进入了当地人熟悉的山区，战损开始急剧上升，比如，在阿富汗的潘杰希尔山谷的一次作战中，阿富汗游击队曾在一个星期内就使 400 名苏军士兵命丧山谷。

阿富汗游击队

第三，苏联入侵阿富汗所面临的国际压力太大。当苏联的军队进入阿富汗之后，当时除了苏联的几个卫星国外，世界上大部分国家对苏联的行为都表示谴责。除此之外，那些反对苏联入侵阿富汗的国家还为阿富汗游击队提供了大量军事援助。比如，当时苏军因为山区众多而大量使用武装直升机作战，美国得知此事后，便立即向阿富汗提供了一批美制毒刺导弹，这种单兵反装甲导弹被誉为直升机的克星，这让苏联军队损失惨重。

苏军在阿富汗的失败，不是军事战术上的失败，而是战略上的失败。在军事行动上，苏军每次战斗都能以压倒性优势打击敌人。但是，当苏军打算彻底征服这个国家的时候，就会面临传统势力的顽强抵抗，最终以失败而告终。事实上，近年来美国在阿富汗发动的所谓反恐战争其结果其实是在重蹈苏联的覆辙而已。

阿富汗游击队缴获的苏军装备

苏军撤离阿富汗

>>> 为什么说"两伊战争"中的"导弹袭城"开启了现代战争的先河

　　导弹作为常规军事武器，其精准的射程和打击力度，以及大规模的轰炸威力，受到了各国军队的钟爱。不过导弹真正在战争中实施的战例却很少，而 20 世纪 80 年代，在两伊爆发的军事斗争中就使用了这种武器互相攻击。

1. 战争背景

　　"两伊"指的是伊朗和伊拉克，由于参战双方势力均衡，在普通战斗无法解决问题的前提下，双方都企图以导弹武器来实现战略目标。当时两国都没有研制导弹的能力，所以所有导弹都是在国外采购并用于战争。1974 年，伊拉克从苏联购买了大约 20～36 辆 9P117 导弹发射车和数量不明的"飞毛腿"导弹，组建了第 224 导弹旅。同时还购买了蛙-7 式战术火箭，这属于远程导弹，杀伤力相当强大。

　　飞毛腿导弹在精准度和射程上面都非常优异。最远的射程可达到 300 多千米。搭载弹头除了可以安装近 1 吨的常规弹头之外，还可以悬挂 10～20 万吨级的核弹头。伊拉克在拥有飞毛腿导弹之后，迅速将其投入战场。但是因飞毛腿的射程只有 300 多千米，虽说打击伊朗战线没有问题，但是要想实现战略轰炸，打击伊朗后方城市仍然比较困难。

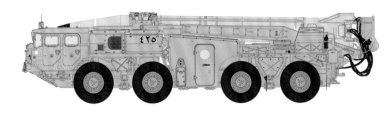

飞毛腿导弹及其发射车

2. 战争过程

　　战争初期，装备"飞毛腿"的伊拉克第 224 导弹旅因导弹射程不够，没有参加第一轮打击伊朗纵深目标的行动。然而，随着伊拉克空军被伊朗的美制战机和"霍克"防空导弹打残，且战线被伊朗军队推进到伊拉克本土，伊拉克第 224 导弹旅终于有了用武之地，其开始对伊朗前线军事目标和边境城镇展开轰击。

　　伊朗方面迅速作出回应。1985 年 3 月 12 日凌晨，伊朗向伊拉克东北部城市基尔库克发射"飞毛腿"导弹，挑起第一轮大规模"导弹袭城战"。1985 年 6 月，伊朗向伊拉克首都巴格达发射了至少 13 枚"飞毛腿"导弹。伊拉克则向伊朗的两座城市（迪兹富勒和巴赫塔兰）发射"飞毛腿"导弹。伊朗对巴格达的导弹袭击使萨达姆极为愤怒，因为伊拉克的"飞毛腿"打不到伊朗首都德黑兰，而伊朗却能把"飞毛腿"打到巴格达附近。

伊朗使用 F-14 战斗机攻击伊拉克

伊拉克后来发挥创造性精神，将 3 枚"飞毛腿"分解重组，组装出 2 枚"侯赛因"导弹。"侯赛因"导弹与"飞毛腿"导弹的最大区别在于前者采用加长弹体，使推进剂增加了 1040 千克，而战斗部则从 800 千克缩减至 190 千克。经过这番改动，"侯赛因"导弹的射程达到了 600 千米。

1988 年初，伊拉克依靠沙特、阿联酋和科威特等石油富国的贷款，一口气从苏联采购了 118 枚"飞毛腿"导弹，加上原来的零件储备，足可改造出 250 枚"侯赛因"导弹。

1988 年 2 月 28 日，两伊之间爆发了第二轮"导弹袭城战"。当天，伊朗首都德黑兰遭到"侯赛因"导弹袭击，此后的 7 个星期内，共有 189 枚"侯赛因"导弹落在伊朗的 6 座主要城市里，其中的 135 枚落在德黑兰。这些城市均位于伊朗腹地，过去从未担心过会遭受伊拉克导弹袭击。导弹袭击给伊朗造成巨大恐慌，到了 1989 年春天，德黑兰的 1000 余万居民中有 1/4 的人逃往乡村。

作为报复，伊朗革命卫队就在两军对峙的前线向巴格达发射了 3 枚"流星-1"导弹，紧接着又有更多的"流星-1"飞向伊拉克各大城市。但是，由于锡尔延导弹厂尚未建成，"流星-1"导弹越打越少，伊朗不得不于 4 月 21 日停止"导弹袭城战"。

在长达 52 天的"导弹袭城战"中，两伊互射导弹 532 枚，其中伊朗发射的导弹占 2/3，但因射程和威力有限，威慑效果远不如伊拉克方面。这轮"导弹袭城战"结束仅 4 个月后，筋疲力尽的伊朗宣布接受联合国决议，同伊拉克结束战争状态。

伊朗向伊拉克发射导弹

3. 战役影响

两伊战争前后历时 7 年又 11 个月，是 20 世纪最长的战争之一。它是一场名副其实的消耗战，是一场对双方来说都得不偿失、没有胜利者的战争。这场战争前，伊拉克拥有 370 亿美元的外汇储备，战争结束后，伊拉克的外债是 700 多亿美元，其中 400 多亿是欠西方国家和苏联的军火债、300 多亿是欠其他阿拉伯国家的贷款。

战争中，伊拉克的死亡人数是 18 万、伤 25 万，直接经济损失达 3500 亿美元。伊朗也欠外债 450 亿美元，死亡 35 万人、伤 70 多万人，直接经济损失达 3000 亿美元。战争使两国的经济发展计划至少推迟了 20～30 年。

　　两伊战争对于现代战争理念的改变也相当巨大。首先就是巨额资金虽然可以买到现代化武器装备，但买不到军队的现代化水平。两伊当时是中东地区富有的石油输出国，自 1973 年开始，两国耗资数千亿美元，从国外竞相引进大量先进的武器装备。然而，由于两国工业基础薄弱，没有完善的工业体系来支撑战争消耗，甚至许多先进武器都无法修配，而弹药主要靠国外供给，这在战时完全不可想象。其次是两国当时士兵的训练水平不高，导致像"萨姆"导弹、"霍克"地空导弹等先进武器的使用效果大打折扣。

　　两伊战争虽然称不上是高水平的现代化战争，但战争消耗却是二战以来局部战争史上绝无仅有的。如战争初期，伊拉克仅对席林堡这样一个仅有 1000 户居民的小镇就发射了几万发导弹。两伊陆军主要是装甲和机械化部队，油料消耗巨大，据估算，伊拉克军队每天消耗的油料达 2000 ～ 3000 吨。伊朗在顶住了伊拉克军队的进攻后，也因补给困难而拖长了反攻的时间。转入反攻后，伊朗多次向伊拉克发动地面攻势，但两次战役之间的间隔比较长，有时竟长达 5 个月以上。其主要原因是双方后勤系统混乱，武器装备等作战物资供应跟不上，因而续战能力不强。

　　这场战争也让战术导弹真正步入战场，让世人感受到了其巨大的杀伤力和心理威慑力。同时也改变了原有的战争后勤补给方式，让世人认识到只有在充分的后勤补给条件下，战争才有可能获得胜利。

▶▶▶ 为什么说"海湾战争"是现代化战争的鼻祖

　　海湾战争（Gulf War）是美国领导的多国联军队于 1990 年 8 月至 1991 年 2 月，为恢复科威特主权、独立与领土完整并恢复其合法政权而对伊拉克进行的一场战争，是冷战结束后国际上的第一场大规模武装冲突。

　　海湾战争包括 3 个主要军事行动，即沙漠盾牌行动、沙漠风暴行动和海上拦截行动。多国联军队以较小的代价取得决定性胜利，重创伊拉克军队。1991 年 2 月 27 日，美国宣布解放科威特的战争结束并于当天午夜停火，伊拉克最终在 4 月接受了停火协议。

　　海湾战争是美军自越南战争后主导并参加的第一次大规模局部战争。在战争中，美军首次将大量高科技器投入实战，展示了压倒性的制空、制电磁优势。通过海湾战争，美国进一步加强了与波斯湾地区国家的军事、政治合作，强化了美军在该地区的军事影响。

海湾战争中美军所展示的现代化高科技条件下作战的新战法和新特点，给军事战略、战役战术和军队建设等问题带来了众多启示。

1. 战役背景

在 1980 年到 1988 年的两伊战争期间，伊拉克欠下了巨额外债，其中欠科威特的债务就达 140 亿美元。而伊拉克原希望石油输出国家组织（OPEC）降低石油产量，上涨石油价格，在获利后偿还债务。但科威特反而提高了石油产量，导致国际油价下降，其实科威特是希望借此解决与伊拉克之间的边境争执。

而此时，恰逢冷战结束不久，国际局势风云变幻莫测，萨达姆在国内外重重压力之下，选择趁乱占领吞并科威特。1990 年 8 月 2 日夜，以共和国卫队为主力的 30 万伊军突然越过 125 千米长的科伊边境，10 小时后伊拉克宣布完全占领科威特。科威特国土面积 1.8 万平方千米，人口 190 万。对于有 8 年实战经验、号称阿拉伯世界头号军事强国的伊拉克来说，军队只有 2 万多人的科威特根本就不是对手。

此时中东地区石油储量占全世界的 60%，而美国进口石油的 20%、西欧进口石油的 25% 都来自海湾。可以说海湾地区一直是美国和西方的生命线，为了控制石油资源，维持中东的势力均衡，以美国为首的诸多国家必须打垮伊拉克。

在 20 世纪 80 年代，美国为了进一步和苏联抗衡，开启了名为"星球大战"的高科技武器发展计划，研发出多种型号的精确制导武器，并在测试阶段取得了极佳的成绩，就差在实战中展现一下威力。20 世纪 90 年代苏联面临解体，美国军方丧失了主要的竞争对手，而此时的伊拉克恰好符合美军的作战目标，所以美军将伊拉克作为试验新式武器的战场。

2. 战役过程

1991 年 1 月 17 日，美国为了惩罚伊拉克对科威特的侵略行径，在联合国的授权下集合包括英国、澳大利亚、加拿大、法国、捷克斯洛伐克、阿富汗、埃及、巴基斯坦、沙特等国在内的多国联军向伊拉克发动进攻，从而揭开了海湾战争的序幕。

8 月 7 日 7 时 30 分，美军第 18 空降军第 82 空降师的 2300 人作为先头部队登机完毕，"沙漠盾牌"行动由此拉开了序幕。经过 3 个月的紧张战略准备期，美军及盟军在海湾地区的总兵力达到了 24.5 万人。而伊拉克方面则增调了 20 个师的兵力，并且扣留西方人质，用以对抗美军的空中打击。到了 11 月 8 日，最终到达海湾地区的多国部队达到了 70 万人，而美国的直接作战部队就有 40 多万人。

当时伊拉克具有雄厚的地面武装力量

美军战斗机停放在沙漠机场

　　而此时伊拉克的地面部队约有 100 万人，同时伊拉克军队在伊拉克境内设置了三道防线，并在一线部队的前沿修筑了一条长 265、宽约 8 千米的"之"字形防线，这条防线被称作"萨达姆"防线，伊拉克在科威特南部海域还布设了大量水雷，以阻止多国部队从海上登陆。

　　1991 年 1 月 17 日凌晨 2 时 30 分，美国战舰上发出的第一枚"战斧"巡航导弹在伊拉克首都巴格达爆炸，海湾战争由此爆发。此时美军的阿帕奇攻击直升机首先摧毁了伊拉克南部的 2 个雷达站。顺着这个防空缺口，美军的一个由数百架飞机组成的轰炸机群向巴格达飞去，萨达姆总统府等战略目标首先被击中。由于美军空中力量优势明显，在开战的第一周，伊拉克的飞机仅出击 100 架次，多国部队则达到了 2000 架次，伊拉克有 17 架飞机被击落，而多国部队的战机损失数字则为零。

美军战舰发动进攻

　　直到 1 月 31 日，在战略空袭进行了 14 个昼夜之后，多国部队空军转入战略空袭阶段，主要对在科威特和伊拉克南部的伊军地面部队和防御阵地、坦克和装甲车集群等目标进行猛烈轰炸，目的是通过这一阶段的轰炸最大限度地削弱伊拉克的有生力量，为以后地面部队的进攻扫清障碍。

　　与以往战争不同，美国在海湾战争中使用了精确制导弹药，它的命中率达到 90% 以上，而其他非精确制导的普通弹药，其命中率只有 25%。正是凭借这样大量的精确制导武器，无论是战略空袭，打击战略目标，还是夺取制空权，多国部队都给伊拉克军队造成了巨大损失。38 天的空袭，除深藏在地下之外，伊拉克的地面战略目标几乎都被多国部队全部摧毁，伊拉克南部战区的 54 万大军损失占比在 25% 以上，萨达姆的精锐之师共和国卫队损失更加惨重，"军中之军"的威风早已荡然无存。

　　2 月 24 日凌晨 4 时，多国部队的先头部队相继跨过科沙边境和沙伊边境，代号为"沙漠军刀"行动的地面攻势终于展开。此时美军将真正进攻的主力放在了西线，也就是美国中央陆军主要的作战部队——第 7 装甲军和第 18 空降军，这两支军队组成了两个强有力的突击集团。美军除战前采取战略牵制的佯攻行动以外，还在科威特南部海域组织了强有力的两栖作战编队，并在沿海组织扫雷开辟航道。"沙漠军刀"行动开始后，在科威特南部进行助攻的部队先于西线主攻部队发起了进攻。

美军第 48 战术战斗机联队编队飞行

　　在采取了一系列欺骗措施之后，多国部队的主力部队突破了伊军的一线防御，紧接着第 101 空降突击师立即组织了海湾战争中规模最大的一次机降作战行动，在伊拉克纵深 148 千米处建立了一个代号为"眼镜蛇"的前进基地，之后第 101 空降突击师又采用"蛙跳"战术，在伊拉克的纳西里耶以西地区再次实施机降。

　　25 日，美军已经在幼发拉底河谷建立起若干个旅级规模的防御阵地。由科威特通向伊拉克中部乃至北部的几条重要交通线被全部切断。26 日，美军第 7 军开始向伊科北部边境发起地面攻击，攻占军事重地巴士拉。面对多国部队的正面攻击，萨达姆不得不下令让科威特的伊军全线撤退。由于通往巴格达的高速公路遭到严重破坏，导致伊拉克上万辆坦克和军车拥挤在一起，完全暴露在多国部队空军的打击之下，成了轰炸机、攻击机的活靶子。

伊拉克地面坦克部队被美军空中力量彻底打残

27日凌晨，美国海军陆战队占领了科威特城，当天晚上，时任美国总统布什宣布停火。海湾的枪炮声在午夜时分停了下来，这时多国部队的地面进攻正好打了100个小时。历时42天的海湾战争终于偃旗息鼓，在这场高技术战争中伊军共死伤近十万人，经济损失超过2000亿美元，与此相比，多国部队的损失则显得微不足道，仅伤亡600余人。

3. 战役影响

海湾战争以伊拉克的失败而宣告结束，这次战争在一定程度上提高了美国的国际地位，增强了其干预国际事务的能力和信心。海湾战争仅以伤亡600多人的代价换来了战争的胜利，使美国在军事上重新恢复了自信。海湾战争后，美国制定了同时打赢两场局部战争的地区防务新战略，加快了独霸全球的步伐。

美军空中预警机在此次战争中大显身手

　　此外，海湾战争也是一场改变世界战争观念的战争。美军不仅在海湾战争中验证了其武器特性和武器发展方向，而且根据战争中的经验，不断对武器系统进行了大量的研究改进。比如"战斧"BLOCK IV型巡航导弹在原有BGM-109C/D基础上，加装了卫星数据链，并增加了与图像匹配的偏差修正。由于具有卫星数据链，因此可以在1小时左右的全射程飞行时间里，可临时变更通道与航线。在前几次战争中，由于地形匹配都是发射前设定，飞行过程中不可变更，因此导弹飞行航线十分呆板。伊拉克一个23毫米高射炮阵地就接连射落数枚巡航导弹。这些导弹都是沿基本一致的航线飞来，伊拉克部队甚至不需要过多调整射向。而当美军在核实战果的侦察照片上发现原本由这些巡航导弹摧毁的目标却还依旧完好时，才了解到担任此次任务的巡航导弹没有命中目标，故而推测可能是遭到了拦截。现在美军的武器智能化水平更高，而且在反恐战争中也不断投入最新的武器，这些也是美军在海湾战争中得到的启示。

美军"战斧"巡航导弹发射

>>> 在"第一次车臣战争"中，俄罗斯为什么会遭到惨败

第一次车臣战争，发生于 1994 年 12 月至 1996 年 8 月，是俄罗斯联邦与高加索武装分子自称的"伊奇克里亚车臣共和国"之间的一次军事冲突。在第一次车臣战争中，俄罗斯于 1994 年 12 月 11 日出兵，在格罗兹尼战役后，车臣武装退入山区，与俄军展开了游击战。在此期间交战双方与车臣当地居民均遭受了惨重伤亡。最终俄罗斯不得不签订停火协议，并将部队撤出车臣，俄罗斯实际上输掉了战争。第一次车臣战争给俄军带来严重的伤亡代价，战争还导致超过 10 万平民死亡，大量设施遭到严重破坏。

俄军米-8直升机被车臣武装分子缴获

1. 战役背景

由于车臣历史上独特的地位，以及苏联解体后对其控制力的下降，车臣杜达耶夫领导的武装力量突袭了当时的执政人员，并且宣布独立。此时正值苏联解体后的政治动荡时期，莫斯科方面无暇顾及车臣问题。1993年，在俄国内乱期间，车臣局势进一步恶化，杜达耶夫加强了对车臣境内的控制力，此时俄罗斯领导人叶利钦意识到局势已经失控，加上此时又爆发了印古什—北奥塞梯边境冲突。俄军为了维持当地局面进入了北奥塞梯。

宪政危机后叶利钦的实力得到恢复，于是开始着手处理车臣问题。1994年10月3日，俄军的武装直升机开始配合反对派武装的军事行动，在此之后俄军也开始向反对派提供军事顾问和重武器援助。

2. 战役过程

1994年12月11日，俄军发动攻击，其作战力量为此次作战专门成立的"联邦联合部队"，主要由来自俄军北高加索军区的摩托化步兵组成。俄军基本上沿用了苏联时期的军事系统，士兵和低级军官全都是兵役只有2年、毫无城市作战和反游击作战经验的新兵。而且俄军采用的是车轮战法——部队在OVG服役一段时间后就会被调走，换上新的部队，导致参战部队根本无法积累实战经验。而俄军主要的精锐力量还是特种部队、空降部队以及内务部队和陆军的近卫部队。

俄军士兵进入车臣

随着战争打响，车臣空军力量在开战几小时内便被俄罗斯空军歼灭。随后俄军地面部队兵分西、北、东三路向格罗兹尼进攻。俄军原本计划通过一场快速战争迅速消灭车臣武装。然而，苏联解体后，因为经济困难，俄军弹药短缺，而且官兵纪律松散，缺乏作战经验；组织领导层也十分混乱，彼此缺乏统一的调度协调。

在开战后，俄军的缺点在战争伊始就已暴露无遗。在车臣武装一连串半游击式的反击面前，俄军损失严重。俄军北路第 106 空降师和第 56 空降旅的部队在到达距格罗兹尼西北 25 千米的小镇顿林斯克时，突然遭到了火箭炮的覆盖射击，至少有21 人死亡。

车臣反对派在俄军支持下于 11 月 26 日已经对格罗兹尼展开过一次失败的攻势。在这次行动中，俄军共投入了 38 000 人的兵力，动用了 230 辆坦克，454 辆步兵战车，388 门火炮和迫击炮。俄军在这次战役中还展开了欧洲自二战德累斯顿轰炸以来规模最大的一次轰炸行动。俄军原计划从三路包围城市，将车臣武装逼到城外的荒野中。但是由于俄军指挥混乱，部队之间协调差，因此只有北面的第 8 军在指定时间内前进到了预定位置，其他部队都还没能突破车臣在市郊的防御。不过第 8 军并没有等待其他部队就位实行包围，而是按原计划在新年夜发动了总攻。因此，孤军深入的俄军很快便遭到了车臣武装的伏击。

一名车臣战士站在政府大楼外

格罗兹尼守军有着丰富的城市巷战经验，他们分成灵活的战斗小组，用 RPG 火箭筒和机枪从半地下室和顶楼向排成长串的俄军车队发动攻击。俄军部队彼此之间没有协同，指挥混乱，关键时刻空军和火炮支援又跟不上。各部队被车臣武装分割包围后完全各自为战，增援部队却未能突破车臣武装的防线。81 摩步团当天便被击溃，超过一半官兵被击毙或被俘。131 旅坚持到了 1 月 3 日被彻底击溃，全旅共 789人阵亡，75 人被俘，并丧失了几乎所有的军官，26 辆坦克损失 20 辆，120 辆装甲战斗车辆则损失了 102 辆。

在此次惨败后，俄军对格罗兹尼在继续猛烈轰炸的同时，其他部队开始由东、西、北三面向格罗兹尼周围集中。在俄军压倒性的物资和人员优势面前，车臣武装开始逐步向城南撤退。重整之后的俄军对格罗兹尼发动了一次新的且更加小心谨慎的攻势，展开了一场逐街逐屋的巷战，试图从多方向朝格罗兹尼市中心的总统大楼推进。

1995 年 1 月 7 日，俄军开始向格罗兹尼的车臣总统府大楼发动总攻，这栋大楼下有一个完整的防爆掩体。此时约有 500 名车臣的武装分子参与守卫，俄军在 1 月7 日、10 日和 18 日分别对大楼发动了三次攻击，每一次都是以猛烈的榴弹炮和火箭弹轰炸作为开始。在 1 月 18 日的攻击中，俄军使用苏 -25 战斗机向大楼投放了 2 枚KAB-1500L-Pr-E 激光制导炸弹，该型炸弹装备了侵彻弹头（也称钻地弹头），可以击穿厚达 2 ～ 3 米的混凝土工事。两枚炸弹都穿透了大楼楼顶和 11 层楼板，一直射入地下防爆工事中。

格罗兹尼战役是一场"不可想象的灾难",然而这仅仅是开始。格罗兹尼战役过后,车臣战况逐渐演变成了游击战。战争带给双方士兵的心理压力越来越大,违反国际法的战争罪行也越来越多。1995年4月7日,"处于醉酒和吸毒的亢奋状态"的俄军内务部队和特警部队在车臣与印古什边境的萨马斯基屠杀了近百名平民。6月14日,车臣武装更是对俄罗斯南部斯塔夫罗波尔边疆区的布琼诺夫斯克市发动恐怖袭击,事件一直到20日才以俄方妥协结束,整个过程中车臣恐怖分子总共杀害了126名人质,另有200余名人质受伤。

俄军救治受伤的士兵

俄军在长达2周的巷战后最终攻克格罗兹尼,并继续以空袭的方式进占车臣南部其他乡镇。1996年8月6日,车臣武装发动第3次格罗兹尼战役,对驻守城市的俄军内务部队发动突然袭击,并于20日彻底击退前来增援的俄军,重新夺回了格罗兹尼。8月31日,在国内压力和大选逼近的情况下,鲍里斯•叶利钦和车臣签署停火协定。

4. 战役分析

第一次车臣战争最终以俄罗斯惨败而告终。根据官方数字,俄军死亡人数为3826人,伤者为17 892人,另有1906人失踪。此外,此次战争还导致超过10万平民死亡,大量设施遭到严重破坏。俄罗斯军官损失惨重,俄罗斯最终未能实现其战略目标。

此役俄军失利主要有以下几个原因：其一，作战思想不统一，将帅意见分歧大。俄军大举进兵后，军方高层仍存在尖锐分歧，整个部队军心浮动，厌战情绪强烈，军队作战能力极低。其二，负责联合作战集团指挥的北高加索军区司令部未能及时转入战时工作体制，没有预先制定作战方案，即便是后来使用的战役计划也是在小范围内临时制订的，缺乏目的性和针对性。其三，俄军队和作为精锐力量的内卫部队、边防军反恐联合作战演习少，协同能力弱。其四，人员和物质准备不足。车臣危机持续 3 年之久，而俄军的战前准备却严重不足，60% 的参战部队是在开进途中临时编组的，计划中的装甲车辆 1/5 没能按时到位，物资短缺，保障不力，严重影响了部队后来的推进速度。

一脸疲倦的俄军士兵

>>> 钻地炸弹在哪一次战役之后一战成名

钻地弹是携带钻地弹头（又称侵彻战斗部），用于对机场跑道、地面加固目标及地下设施进行攻击的对地攻击弹药。钻地弹打到地面时，不会立即爆炸，而是继续向下钻，当钻到一定深度后，才会发生爆炸，从而将地下深处的目标摧毁。这种武器在最初被划归为穿甲弹和半穿甲弹一类。

钻地弹的侵彻弹头通常用高强度钢材或是密度更大的重金属材料制成，一方面加大弹头密度以增加下落速度，另一方面用于击穿多层混凝土等工事。引信通常是延时引信或是更高价的智能引信，尤其是智能引信不仅要经受得住碰击时的大量冲击，还要区别空穴和硬层乃至多层掩体，在恰当的深度引爆战斗部。钻地弹对高爆炸药的要求相对较低，但钻地弹装药量很大，具有极大的破坏力。

1. 研发历史

最早的钻地弹是纳粹德国空军研发的，它可穿透 4 米的加强混凝土，不过因为精度不够所以运用很少。该弹的穿透功能首先是通过加大炸弹的密度完成的。二战期间，英国也研发了轰击巩固目标的炸弹，如高脚柜炸弹。高脚柜炸弹质量为 5443 千克，弹长 6.35 米，内部装有 2358 千克烈性炸药。在 6100 米高度投下时能够穿透 24 米的土层或是 5 米的混凝土。

高脚柜炸弹由英国和美国共同研制，总计制造了 854 枚，它曾击沉德国海军的提尔皮兹号战列舰。不过首先仍是用于攻击德国加固的 U 型潜艇基地、V-2 导弹发射场等重要的军用和民用设施。高脚柜炸弹首先是经过流线型的气动外形，以远高于一般炸弹的碰击速度和更大的质量发挥钻地作用，据计算其最大落地速度达到了 1100 米 / 秒，与 V-2 火箭的速度相差无几，直到今日这也是钻地弹的首要设计思路。

2. 武器现状

二战以后，钻地弹在很多局部战争中都有使用，其中以美军使用频率最高。美军现在配备了数量众多、性能完善的

高脚柜炸弹

钻地弹，在每次战役中也积累了世界上最丰富的钻地弹运用经验。美国的钻地弹，最著名的是 GBU-27 激光制导炸弹。这是一种质量为 1000 千克的钻地弹，专为 F-117A 隐形战役轰炸机研发的炸弹。GBU-27 弹长 4.2 米，运用 BLU-109 战役部，装药 240 千克，对加固混凝土击穿深度约 1.8 米。比照前期钻地弹的侵彻能力，GBU-27 实在太"软"。不过，GBU-27 的威名却是来自一场惨剧。在 1991 年首次海湾战争中，2 架 F-117A 隐形战机各自投下 1 枚 GBU-27 激光制导炸弹，用串联替换攻击的方法击穿了伊拉克的阿米利亚防空洞，让躲在防空洞内的人员死伤惨重，总计杀死了高达 408 人，这场惨剧开始让 F-117A 和 GBU-27 "臭"名远扬。但实质上，GBU-27 的侵彻能力在美军现役的钻地弹里只能排在末流，只是 GBU-27 激光制导炸弹的质量和尺寸较小，可由 F-16 或是别的中轻型战役机携带，因此适用范围较广。

F-117 投射 GBU-27 炸弹

　　尽管在 1991 年的海湾战争中，GBU-27 射中率高达 70%，但侵彻能力的缺乏促使美国空军开始研发威力更强的钻地弹。GBU-28 即是为了冲击加固的地下掩体工事而应急研发的炸弹。该项目于 1991 年 2 月 13 日启动，为了节省研发时间，战役部外壳直接运用了美国陆军 M110 榴弹炮的炮管，而头部和引信运用了现有 BLU-109B 战役部的现成部件，制导系统则是 GBU-24B "铺路石" 的制导系统，只对飞行操控软件进行了修正。GBU-28 长 7.6 米，质量达到 2268 千克，内部装有 304 千克的高爆炸药，能够完成穿透 30 米厚度土层或是 6 米厚度加固混凝土的任务，其性能比原有的 GBU-27 钻地弹增强了 3 倍之多。

F-15E 投掷 GBU-28 钻地弹

　　尽管 GBU-28 炸弹只是抢在 1991 年 2 月 27 日由 F-111 战役轰炸机抛掷了 2 枚，并且只有 1 枚击中目标，但击穿了此前其他导弹无法击穿的掩体，并夺走掩体内所有人的生命。由于 GBU-28 质量较大，F-16 等中型战机不具备挂载能力，因此只能由 F-111 战役轰炸机、F-15E 战役轰炸机挂载，相对而言限制了其运用的灵活性。

　　促使美国继续研究钻地弹的原因是在伊拉克战争中，萨达姆藏在百米之下的军事工事中，而普通的钻地弹却无计可施。

　　美军配备的威力最大、侵彻才能最强的钻地弹要数 MOP 巨型炸弹，它是美国针对原有钻地弹侵彻能力缺乏而专门研发的。MOP 钻地弹编号为 GBU-57B，开始计划质量为 9072 千克，运用 GPS 和电视制导，并新研发了针对加固目标的高性能智能引信。

2003 年美军入侵伊拉克后，以为这种近 10 吨的钻地弹对伊拉克加固的深层地下工事冲击效果仍然有限，所以初级计划被改变成 13.6 吨的巨弹。2004 年，巨型钻地弹项目被授予波音公司的鬼魅工厂，按计划分三个阶段完成研发任务。2005 年 5 月，技术论述工作完成。2007 年 3 月进行了地下隧道中的爆炸威力实验，2007 年 11 月开始第三期研发。据称 MOP 巨型钻地弹还进行过一次飞翔投进实验。尽管 MOP 巨型钻地弹的研发尚未完成，但 2011 年美国空军现已接收了首枚 MOP 巨型钻地弹。

这款 MOP 巨型钻地弹长 6.2 米，直径为 0.8 米，全质量为 13.6 吨，仅高爆炸药质量就有 2.4 吨，现在只能由 B-2A 隐形轰炸机在 12 000 米高度投放。大长径比的外形能够实现更高的下落速度，炸弹制导操控确保了落地时垂直于地面，再加上自身超大的质量，MOP 巨型钻地弹具有极大的动能，碰击地面时的冲击力非同小可，据称不亚于一场地震。

为了避免弹体碰击变形，其运用了高强度合金钢，也有报道以为侵彻弹头壳体甚至运用了贫铀以增加强度。MOP 巨型钻地弹能够看作一枚巨型的动能弹芯，设计上具有穿透 61 米厚度混凝土或 8 米厚度加固混凝土，或是 40 米厚度坚固岩层的能力，这是除了核兵器外人类对加固掩体侵彻能力最强的兵器。

3. 未来发展趋势

据悉，美军下一代高速钻地弹的质量和体积都将越来越小，但侵彻能力却会大大增强。传统钻地弹使用动能侵彻战役部，首先依靠自由落体一加快弹体的动能从而侵彻敌方加固掩体，这也是美军现役钻地弹的首要攻击方式。

随着空对地战争需求的不断提升，欧洲国家先后研发了具有钻地能力的串联式战役部，再加上先进的可编程多用途引信，提高了对多层防护加固防御工事的冲击能力，以较小的质量和较低的速度，完成 2 ～ 3 米的侵彻深度。

美军下一代钻地弹可在 F-35 隐身战机和 B-2 轰炸机的内部弹仓挂载，不过 B-2 内部弹仓挂载的类型并不一定能挂载在 F-35 的内置弹仓内，这显示美国下一代钻地弹依然要包含最少两个类型。代替 MOP 巨型钻地弹的新一代钻地弹质量将削减到 MOP 巨型钻地弹质量的 1/3 左右，尺度也将大有减小。代替 GBU-28 炸弹的新一代钻地弹质量将削减到 1000 千克，可在 F-35 的内部弹舱挂载，这种规划是为了完成隐身突防任务。

参考文献

[1] 刘洁. 二战经典战役连环画 [M]. 北京：海豚出版社，2018.

[2] 张卉妍. 世界经典战役全知道 [M]. 北京：中国华侨出版社，2017.

[3] 《二战经典战役》编委会. 二战经典战役纪实 [M]. 北京：中国铁道出版社，2016.

[4] 黎宁，缪炳法. 战役王中王—"一战"经典 [M]. 北京：中国少年儿童出版社，2015.